COMMENT INVESTIR POUR LES ADOLESCENTS

Comment Créer Votre Premier Portefeuille Rentable en 7 Jours - Aucun Adulte Requis et Aucune Expérience Requise

Maxi Tonkins

PRÉFACE

Soyons réalistes : la plupart des livres sur l'argent sont ennuyeux. Ils sont remplis de jargon confus, écrits pour des personnes qui possèdent déjà un yacht, et conçus pour vous faire sentir que vous avez besoin d'un diplôme en économie juste pour comprendre ce qu'est une action. Si vous avez pris ce livre, vous savez probablement déjà la vérité cruciale : attendre d'avoir trente ans pour commencer à investir, c'est essentiellement jeter de l'argent par les fenêtres.

Vous n'êtes pas ici pour attendre. Vous êtes intelligent, curieux, et vous êtes prêt à faire travailler votre argent plus dur que vous. C'est exactement à cela que sert ce guide. Nous n'allons pas parler d'histoire ancienne ni de théories financières abstraites. Nous sommes ici pour parler de démarrer, dès maintenant.

Au cours des sept prochains jours, nous allons couper à travers le bruit, sauter les conférences adultes confuses, et vous donner le plan clair, drôle, et facile à suivre dont vous avez besoin pour lancer votre tout premier portefeuille. Nous passerons étape par étape à la configuration de vos comptes, à l'achat de vos premiers investissements, et à la compréhension exacte de ce que vous possédez. Pas de supervision parentale requise (enfin, presque).

Préparez-vous à laisser de côté le langage compliqué et à embrasser la véritable confiance financière. Vous êtes sur le point d'échanger la confusion contre du capital. Votre futur vous remerciera. Passons à l'action.

TABLE DES MATIÈRES

INTRODUCTION

LE SUPERPOUVOIR 'ADULTE' QU'ILS NE VOUS ONT JAMAIS APPRIS À L'ÉCOLE (ET COMMENT LE DÉBLOQUER AUJOURD'HUI)

Si vous avez déjà eu l'impression que l'économie est un immense jeu impénétrable où toutes les règles sont cachées et seuls les très riches connaissent les codes de triche, vous avez raison. Mais vous avez aussi tort. Les règles ne sont pas cachées — elles sont simplement obscurcies par un jargon inutile et le plus grand mensonge jamais raconté sur la création de richesse : que c'est seulement pour les "adultes".

Bienvenue dans le véritable jeu de la création de richesse, et félicitations d'avoir pris le manuel du maître.

Oubliez chaque promesse de gagne-pain rapide que vous avez vue en ligne. Ce livre ne vous apprendra pas à trader des actions de mèmes ou à doubler votre argent du jour au lendemain. Ce livre vous apprendra à transformer l'argent de poche — l'argent que vous gagnez grâce à un job d'été, une allocation ou des cadeaux d'anniversaire — en liberté financière future. Investir est le véritable superpouvoir qu'ils ne vous ont jamais appris en histoire, mathématiques ou éducation routière, et c'est le seul chemin fiable pour construire une richesse durable.

Depuis trop longtemps, le monde financier a fonctionné comme un club exclusif, ne délivrant l'adhésion qu'après que vous ayez obtenu votre diplôme universitaire, déniché un "vrai emploi" et que vous soyez peut-être déjà englué dans les dettes. Nous démantelons cette barrière en ce moment. Investir n'est pas réservé à ceux qui portent des costumes ou qui lisent le Wall Street Journal à 6 heures du matin. C'est une compétence fondamentale, et plus vous la débloquez jeune, plus vite et plus loin vous irez.

Le plus grand avantage que vous possédez actuellement n'est pas l'intelligence, la persévérance ou un énorme compte en banque ; c'est le temps.

Nous allons vous introduire au code de triche financier ultime : les intérêts composés. Les intérêts composés sont le concept magique où vos gains commencent à générer leurs propres gains, créant une boule de neige financière qui grandit et s'accélère plus elle roule. Commencer à 16, 17 ou 18 ans signifie que vous avez une décennie supplémentaire — peut-être deux — de pouvoir de composition comparé à vos pairs qui attendent jusqu'à leurs vingtaines ou trentaines. Cet avantage temporel vaut mathématiquement des centaines de milliers de dollars, peut-être même des millions. C'est littéralement l'actif le plus précieux que vous ayez, et vous devez l'utiliser immédiatement.

Ce livre est structuré comme un défi pratique de sept jours. Nous allons couper à travers la confusion, éviter les leçons confuses, et agir directement.

Au cours des sept prochains jours, nous couvrirons :

Jour 1-2 : Mentalité et ressources. Nous définissons vos objectifs et vous montrons comment trouver de l'argent dans votre flux de trésorerie actuel pour financer votre premier investissement.

Jour 3-4 : La rampe de lancement. Nous sécurisons la configuration de compte parfaite, adaptée aux adolescents, et vous présentons les créatures d'investissement fondamentales — les actions et les fonds qui feront le gros du travail pour vous.

Jour 5-7 : Exécution et automatisation. Nous vous apprendrons à rechercher des investissements comme un pro, à passer vos premières transactions, et à mettre en place un système automatisé pour que votre argent croisse sans que vous ayez à lever le petit doigt en permanence.

À la fin de ce guide, l'ensemble du monde de la finance — qui pourrait actuellement ressembler à un labyrinthe sombre et confus — se transformera en un chemin clair et lumineux menant directement à vos objectifs, qu'il s'agisse d'un nouveau PC de jeu, des frais de scolarité, ou d'une véritable indépendance.

Préparez-vous à vous sentir confiant, capable, et prêt à faire en sorte que votre argent compte. Le pouvoir est entre vos mains. Débloquons-le.

CHAPTER ONE

LE CODE DE TRICHE ULTIME : POURQUOI COMMENCER À 16 ANS VAUT MIEUX QUE COMMENCER À 30 (L'AVANTAGE TEMPOREL DE 500 000 $)

Vous vous trouvez actuellement à un carrefour unique dans la vie, un endroit où presque chaque adulte souhaiterait pouvoir revenir. Vous pourriez avoir l'impression d'être impuissant parce que vous n'avez pas un salaire à six chiffres ou un bureau dans un coin, mais la vérité est que vous possédez l'unique actif le plus précieux en finance : le temps.

Pensez au temps comme à un chèque invisible de 500 000 $ qui vous est remis simplement pour avoir commencé jeune.

La plupart des gens attendent d'avoir "assez d'argent" ou "assez d'expérience" pour commencer à investir, généralement dans la fin de leurs 20 ans ou 30 ans. Ils passent ces années critiques à se concentrer sur la consommation, croyant que l'investissement est quelque chose pour la retraite ou la génération de leurs parents. En lisant ce livre maintenant, vous prenez effectivement un raccourci au-delà de ces décennies de procrastination, activant le code de triche le plus puissant de l'histoire financière : les intérêts composés.

Ce chapitre ne concerne pas encore le choix des actions ; il s'agit de mettre à niveau le système d'exploitation de votre cerveau. Nous allons déconstruire les croyances limitantes qui maintiennent la plupart des gens pauvres, comprendre le moteur mathématique imparable qui fait croître l'argent, et définir les coordonnées de votre future liberté financière. Préparez-vous à ne plus être qu'un consommateur, mais à devenir un propriétaire.

RÉVÉLÉ : Le changement de mentalité secret qui sépare les consommateurs des millionnaires

Si vous regardez autour de vous dans votre chambre en ce moment, vous pouvez probablement identifier des dizaines de choses que vous avez achetées : des nouvelles baskets, un abonnement de streaming, le dernier jeu vidéo, des en-cas. Vous êtes un consommateur.

Vous avez payé en espèces pour posséder ces articles, et au moment où vous les avez utilisés, ils ont commencé à perdre de la valeur.

Il n'y a rien de mal à être un consommateur — c'est nécessaire — mais si vous voulez construire de la richesse, vous devez reconnaître la différence fondamentale entre consommation et propriété.

Le changement de mentalité secret qui sépare ceux qui luttent avec l'argent de ceux qui créent de la richesse générationnelle est simple : Arrêtez de louer votre temps et commencez à posséder des actifs.

Épargner vs. Investir : Pourquoi votre argent a besoin d'un emploi

Beaucoup de gens confondent épargner et investir. Clarifions :

Épargner, c'est lorsque vous prenez de l'argent et le mettez quelque part en sécurité, comme sous votre matelas ou dans un compte d'épargne de base. L'argent ne croît pas. En fait, en raison de l'inflation — cette force économique sournoise qui rend tout plus cher chaque année — votre argent épargné perd en réalité du pouvoir d'achat au fil du temps. Un dollar épargné aujourd'hui achète moins l'année prochaine. Épargner est essentiel pour des objectifs à court terme (comme un fonds d'urgence ou acheter un billet de concert), mais c'est une stratégie terrible pour construire de la richesse à long terme.

Investir, c'est quand vous prenez de l'argent et l'utilisez pour acheter un actif qui a le potentiel de générer plus d'argent. Lorsque vous achetez une action d'une entreprise, vous achetez littéralement un petit morceau de cette entreprise. Vous devenez un propriétaire. Lorsque cette entreprise réalise un profit, vous, le propriétaire, en bénéficiez.

Pensez aux produits que vous utilisez chaque jour : votre iPhone, votre abonnement Spotify, votre marque préférée de boisson énergisante. Lorsque vous achetez ces choses, vous transférez votre argent à la société. Mais lorsque vous achetez des actions d'Apple, de Spotify ou de Coca-Cola, vous vous transformez d'un simple client en partenaire commercial. Chaque fois qu'un autre client achète un produit d'une entreprise que vous possédez, votre investissement augmente potentiellement en valeur.

C'est l'état d'esprit de l'investisseur. Il s'agit de gratification différée et de patience stratégique. C'est choisir de mettre 50 $ pour posséder une part de la prochaine grande entreprise technologique au lieu de dépenser 50 $ en fast-food ou en un nouveau skin dans un jeu. Ce petit changement, réalisé de manière cohérente, est le moteur de la création de millionnaires. Vous programmez votre argent pour travailler plus dur que vous ne le faites.

L'effet boule de neige : Comment vos premiers 100 $ peuvent se transformer en 10 000 $ pendant que vous dormez

Si vous ne devez apprendre qu'un seul concept financier dans ce livre, que ce soit l'intérêt composé.

Albert Einstein aurait désigné l'intérêt composé comme la huitième merveille du monde. C'est la chose la plus proche de la magie réelle que vous vivrez, et elle dépend entièrement du temps.

Qu'est-ce que l'intérêt composé ?

C'est gagner des rendements non seulement sur l'argent que vous avez investi (le capital), mais aussi sur les rendements que vous avez déjà gagnés.

Imaginez une petite boule de neige au sommet d'une colline massive. Cette petite boule de neige est votre premier investissement (100 $). Au fur et à mesure qu'elle descend, elle ramasse de la neige (rendements). Lors de la deuxième rotation, elle est maintenant plus grande, donc elle ramasse encore plus de neige. Au moment où elle atteint le bas de la colline, c'est un énorme rocher inarrêtable.

Dans le domaine financier, la colline est le temps. Plus la boule de neige roule longtemps, plus elle gagne des rendements sur ses rendements.

Examinons les chiffres, car c'est la preuve mathématique de votre avantage de 500 000 $. Nous supposerons que les deux investisseurs génèrent un rendement historique moyen de 8 % par an, ce qui est standard pour le marché boursier sur le long terme.

Scénario 1 : L'investisseur adolescent (vous)

Âge : 16 ans

Contribution : 200 $ par mois

Durée de la contribution : 10 ans (âges de 16 à 26 ans)

Total des contributions : 24 000 $

Arrête de contribuer à 26 ans : L'argent reste investi, intact, jusqu'à 65 ans.

Scénario 2 : Le serveur (l'adulte de 30 ans)

Âge : 30 ans

Contribution : 200 $ par mois

Durée de la contribution : 35 ans (âges de 30 à 65 ans)

Total des contributions : 84 000 $

Regardez les résultats lorsque les deux investisseurs atteignent 65 ans :

Investor	Age Started	Total Contributed	Final Value at Age 65 (8% Return)
You (Started at 16)	16	$24,000	$797,000
The Waiter (Started at 30)	30	$84,000	$437,000

Cette comparaison est stupéfiante. L'investisseur adolescent (vous) a contribué 60 000 $ de moins en espèces mais a fini avec plus de 360 000 $ de richesse que l'adulte qui a attendu 14 ans de plus pour commencer.

La différence est purement le pouvoir de la boule de neige composée. Vos 24 000 $ ont bénéficié de 14 années supplémentaires de croissance ininterrompue, où vos rendements initiaux ont commencé à gagner leurs propres rendements, faisant croître votre richesse de manière exponentielle pendant que vous étiez encore au lycée ou à l'université.

C'est pourquoi commencer tôt est le meilleur code de triche : cela permet qu'une petite contribution constante surpasse massivement une contribution plus importante effectuée plus tard. Le temps est votre meilleur ami.

EXPOSÉ : Les 3 plus grands mensonges qui empêchent 99 % des adolescents d'investir (indice : vous n'avez pas besoin de 1 000 $ ou d'un diplôme)

Si investir est si simple et que les mathématiques sont si claires, pourquoi tous les adolescents n'investissent-ils pas ? Parce qu'on leur a inculqué un ensemble de mensonges persistants perpétués par des films d'Hollywood et des actualités financières confuses. Démantelons dès maintenant les trois mythes les plus nuisibles.

MENSONGE N° 1 : J'AI BESOIN DE MILLIERS DE DOLLARS POUR COMMENCER

CELA A PEUT-ÊTRE ÉTÉ VRAI EN 1985, MAIS C'EST DE LA PURE FICTION AUJOURD'HUI. Dans le passé, il était souvent nécessaire d'avoir suffisamment d'argent pour acheter au moins une action complète, et les actions d'entreprises comme Amazon ou Google peuvent coûter des centaines, voire des milliers de dollars.

La vérité : Grâce aux plateformes de courtage modernes (que nous aborderons au Chapitre 3), vous pouvez désormais acheter des actions fractionnaires. Cela signifie que si vous n'avez que 10 $, vous pouvez acheter 0,01 actions de Google. Si vous avez 25 $, vous pouvez répartir cet argent sur dix entreprises différentes.

Commencer par 10 $ par semaine est infiniment mieux que d'attendre d'avoir 1 000 $ à investir. Souvenez-vous de la boule de neige composée : la cohérence et le temps surpassent toujours la taille initiale. Votre objectif en ce moment est d'établir l'habitude d'investir, pas de devenir soudainement millionnaire.

MENSONGE N° 2 : J'AI BESOIN D'UN DIPLÔME EN ÉCONOMIE OU D'ÊTRE UN GÉNIE DE LA FINANCE

L'IMAGE D'UN COURTIER EN VALEURS MOBILIÈRES EN SUEUR ET CRIANT À WALL Street est ce à quoi la plupart des gens associent l'investissement. Cette perception amène les jeunes à croire qu'ils doivent être des prodiges mathématiques qui passent huit heures par jour à analyser des états financiers complexes.

La vérité : La stratégie la plus efficace et la plus fiable pour construire une richesse à long terme - la stratégie privilégiée par des milliardaires comme Warren Buffett - est incroyablement ennuyeuse et simple : Investir de manière cohérente dans des fonds indiciels à faible coût.

Les fonds indiciels (que nous détaillerons au Chapitre 4) suivent simplement la performance du marché général, comme le S&P 500. Lorsque vous achetez un fonds indiciel, vous achetez une petite part des 500 plus grandes entreprises des États-Unis. Vous n'avez pas besoin de prédire laquelle va gagner ; vous pariez simplement sur l'ensemble de l'économie américaine.

Cette stratégie ne nécessite aucune expertise financière. Elle requiert de la discipline, de la patience et la capacité de cliquer sur le bouton "Acheter" chaque mois. Si vous pouvez réussir un cours de base en algèbre, vous êtes déjà surqualifié pour les mathématiques nécessaires pour réussir dans l'investissement à long terme.

MENSONGE N° 3 : J'AI BESOIN DE LA PERMISSION DE MES PARENTS POUR CHAQUE ÉTAPE

PARCE QUE VOUS ÊTES MINEUR (MOINS DE 18 OU 21 ANS, SELON L'ÉTAT), VOUS NE pouvez pas légalement signer un contrat pour ouvrir un compte de courtage tout seul. Ce fait amène souvent les adolescents à croire qu'ils sont complètement exclus du monde de l'investissement.

LA VÉRITÉ : VOUS AVEZ BESOIN D'UN COMPTE DE GARDE, SPÉCIFIQUEMENT D'UN COMPTE UTMA OU UGMA (UNIFORM TRANSFERS TO MINORS ACT / UNIFORM GIFTS TO MINORS ACT).

En termes simples, un adulte (généralement un parent ou tuteur, connu sous le nom de tuteur) ouvre le compte pour vous. Il gère légalement le compte jusqu'à ce que vous atteigniez l'âge de la majorité (généralement 18 ou 21 ans). Cependant, l'argent vous appartient légalement, à vous, le mineur.

Bien que vous ayez besoin d'un adulte pour s'occuper de la paperasse initiale et de la supervision légale, il n'est que la porte d'entrée. Vous êtes le propriétaire bénéficiaire, et vous pouvez, et vous devez absolument, être celui qui prend les décisions d'investissement et apprend à naviguer sur les marchés. Ce livre fournit le mode d'emploi pour prendre des décisions éclairées afin que vos parents puissent signer les papiers en toute confiance et vous laisser prendre les rênes des choix d'investissement.

La liste de souhaits de l'investisseur : Comment financer ce PC de jeu, l'université ou un futur manoir (le mécanisme de définition d'objectifs)

Avant de commencer à cliquer sur "Acheter", vous avez besoin d'une destination. Investir sans objectifs, c'est comme conduire sans GPS : vous allez brûler du carburant et n'aller nulle part de spécifique.

La définition d'objectifs est la base pour transformer ce concept difficile de "gratification différée" en une réalité réalisable. La gratification différée ne consiste pas à vous priver de plaisir pour toujours ; il s'agit de différer un petit plaisir immédiat (comme une dépense de 20 $ pour un jeu) pour une récompense future beaucoup plus grande et significative (comme financer une année sabbatique à l'étranger).

Vos objectifs financiers dicteront directement comment vous investissez, en particulier, quel niveau de risque vous devriez prendre. Nous classons les objectifs en fonction des horizons temporels :

1. Objectifs à court terme (1-3 ans) :

Ce sont des choses que vous voulez bientôt, comme acheter un PC de jeu haut de gamme, financer un acompte pour une voiture, ou voyager après l'obtention de votre diplôme. Étant donné que l'horizon temporel est court, votre argent n'a pas suffisamment de temps pour récupérer d'un grand retournement de marché.

Stratégie : Gardez cet argent en sécurité. Utilisez des comptes d'épargne à rendement élevé ou des certificats de dépôt (CD). N'investissez pas cet argent sur le marché boursier volatile.

2. Objectifs à moyen terme (3-10 ans) :

Cela concerne généralement les frais de scolarité, le paiement de certifications, ou l'épargne pour le dépôt initial sur un bien immobilier. Comme vous avez quelques années, votre argent peut se permettre un risque modéré, mais il a encore besoin d'un chemin relativement stable.

Stratégie : Un mélange de sécurité et de croissance. Peut-être 50 % d'investissements conservateurs (comme des obligations, détaillées au Chapitre 4) et 50 % de fonds indiciels de large marché.

3. Objectifs à Long Terme (plus de 10 ans) :

C'est le gros : indépendance financière, retraite et accumulation de richesse massive. Comme vous avez des décennies pour que l'effet de la composition fonctionne, vous avez une capacité de risque incroyable. Les baisses du marché sont sans intérêt sur cette période.

Stratégie : Soyez agressif. 80 % à 100 % dans des investissements axés sur la croissance (actions et fonds indiciels à faible coût). C'est là que la magie de la composition livre ses rendements les plus élevés.

Votre première mission : Écrivez vos objectifs

Prenez un stylo et du papier ou ouvrez une note sur votre téléphone. Écrivez un objectif pour chaque catégorie et attribuez un montant en dollars et un calendrier.

Exemple :

Court Terme : 1 500 $ pour une nouvelle carte graphique d'ici juillet 2026.

Moyen Terme : 15 000 $ pour un fonds universitaire/de voyage d'ici août 2030.

Long Terme : Indépendance financière à 45 ans (Objectif : 1 000 000 $).

Maintenant, chaque fois que vous êtes sur le point de dépenser de l'argent impulsivement, vous pouvez effectuer une rapide analyse coût-bénéfice : Ce soda et ce snack à 20 $ me rendent-ils plus heureux que de faire un petit pas vers ce fonds universitaire de 15 000 $?

En liant chaque décision d'investissement à un objectif puissant et concret, vous transformez l'idée abstraite de "devenir riche un jour" en un plan actionnable et inspirant. Vous avez maintenant maîtrisé l'état d'esprit. Dans le chapitre suivant, nous mettons cet état d'esprit à l'œuvre en déterminant exactement d'où viendra votre argent d'investissement initial.

RÉVÉLÉ : LE SECRET D'UN CHANGEMENT DE MENTALITÉ QUI SÉPARE LES CONSOMMATEURS DES MILLIONNAIRES

Commençons par une vérité brutale : Vous avez été formé toute votre vie pour être un consommateur incroyable.

Pensez-y. Dès le moment où vous avez vu votre première publicité pour un jouet ou regardé un YouTuber vanter un gadget, votre cerveau a été câblé pour dépenser de l'argent. Et vous êtes bon à cela ! Lorsque vous achetez les dernières sneakers, diffusez la dernière série ou prenez un repas dans un fast-food, vous remplissez votre rôle de consommateur idéal. Vous donnez votre argent durement gagné, et ces dollars disparaissent à jamais.

Dans cette dynamique classique, c'est toujours vous qui payez.

Le changement de mentalité fondamental et non négociable qui sépare ceux qui luttent financièrement de ceux qui construisent une véritable richesse est le suivant : Vous devez passer d'un consommateur principalement à un propriétaire principalement.

À quoi cela ressemble-t-il dans la pratique ?

La mentalité de consommateur voit l'argent comme quelque chose à dépenser ou, au mieux, comme quelque chose à économiser pour des achats à court terme. Ils pensent : "J'ai 500 $, je vais les garder sur mon compte courant pour pouvoir acheter ces billets de concert plus tard."

La mentalité de propriétaire voit l'argent comme des unités de ressources qui doivent immédiatement se voir attribuer un emploi : générer plus d'unités de ressources. Ils pensent : "J'ai 500 $, je vais mettre 400 $ dans un compte d'investissement afin qu'il puisse m'acheter des billets de concert chaque année grâce au profit qu'il génère."

La différence ne réside pas seulement dans la façon dont vous dépensez ; elle réside dans la façon dont vous voyez l'argent que vous ne dépensez pas.

Le Mythe de l'Argent de Matelas

Lorsque vous êtes payé pour un travail ou recevez un généreux cadeau d'anniversaire, l'instinct le plus commun chez les débutants est d'économiser l'argent. Vous pourriez le mettre dans une tirelire, le laisser sur un compte d'épargne à faible intérêt ou, Dieu nous préserve, le mettre sous votre matelas.

Cette stratégie est un chemin garanti vers la perte d'argent.

Attendez, quoi ? Comment pouvez-vous perdre de l'argent si vous ne l'avez pas dépensé ?

Rencontrez votre ennemi financier : l'inflation.

L'inflation est le petit voleur insidieux qui diminue constamment le pouvoir d'achat de votre argent. Cela signifie que le coût de tout - d'un gallon de lait au dernier iPhone - augmente avec le temps. Si vous gardez 1 000 $ en espèces pendant dix ans, cela dit toujours 1 000 $, mais parce que les prix ont augmenté de 3 % chaque année, ce millier de dollars achète maintenant beaucoup moins que ce qu'il achetait une décennie auparavant. Sa valeur a diminué, même si le chiffre n'a pas changé. Votre compte d'épargne pourrait vous donner 0,1 % d'intérêt, ce qui équivaut à essayer d'éteindre un feu de forêt avec un pistolet à eau.

Le consommateur épargne des liquidités et regarde sa valeur s'éroder.

Le propriétaire achète des actifs et regarde leur valeur croître plus vite que l'inflation.

La Clé du Royaume : La Propriété

Lorsque vous investissez, vous achetez essentiellement une petite part de propriété dans une entreprise réelle et fonctionnelle. Vous n'achetez pas seulement le dernier iPhone ; vous achetez une petite partie d'Apple, Inc.

C'est le moteur de la création de richesse. Lorsque vous achetez une action ou un fonds, vous réalisez trois choses puissantes :

1. Vous faites travailler votre argent. Au lieu de rester stagnant, votre argent finance désormais activement l'innovation, la production et le marketing au sein d'entreprises qui réalisent de vrais bénéfices.

2. Vous bénéficiez de la croissance. Si Apple vend plus d'iPhones et que leurs bénéfices augmentent, la valeur de l'action que vous détenez augmente. Votre argent génère plus d'argent, et vous n'avez pas bougé le petit doigt.

3. Vous êtes payé pour être le patron. De nombreuses entreprises matures distribuent une partie de leurs bénéfices directement aux propriétaires sous forme de dividendes. Cela constitue essentiellement un flux de trésorerie gratuit qui arrive sur votre compte, et vous pouvez le réinvestir pour acheter plus de propriété.

Le consommateur donne son argent et reçoit un produit en retour. Le propriétaire donne son argent (temporairement, en échange d'une action) et reçoit une part des bénéfices futurs et de la croissance en retour.

Ce changement - passer de l'idée d'être un utilisateur de choses à celle d'être un copropriétaire des entreprises les plus prospères du monde - est le secret le plus important que les personnes à forte valeur nette ont compris tôt dans leur parcours. Maintenant, vous le comprenez aussi. Tout dans ce guide est conçu pour vous aider à mettre ce secret en pratique efficacement.

L'EFFET BOULE DE NEIGE : COMMENT VOS PREMIERS 100 $ PEUVENT DEVENIR 10 000 $ PENDANT QUE VOUS DORMEZ

Si vous avez entendu des conseils financiers qui ressemblent à de la magie, il s'agissait probablement d'intérêts composés. Ce n'est pas de la magie, mais c'est l'outil le plus puissant de l'univers de l'argent. En fait, Albert Einstein est parfois cité en disant que la composition est la "huitième merveille du monde".

Voici le secret : La composition consiste simplement à gagner des rendements sur vos rendements.

Pensez-y comme une petite boule de neige parfaitement ronde que vous placez au tout sommet d'une longue colline enneigée.

Lorsque vous commencez, la boule de neige (votre investissement initial, peut-être 100 $) est petite. Lorsqu'elle roule, elle collecte de la neige (cette neige représente les intérêts ou les rendements que vous gagnez). Au début, la croissance est lente, à peine perceptible. Après les 100 premiers pieds, votre boule de neige mesure peut-être deux fois sa taille d'origine.

Mais voici où la physique de la composition entre en jeu : Les 100 pieds suivants sont plus faciles car la boule de neige roule maintenant avec une surface plus grande. Elle collecte de la neige plus rapidement. Lorsque la boule atteint le bas de la colline, elle n'est pas seulement grosse ; elle est massive, peut-être plus haute que vous.

Crucialement, elle n'a pas seulement grossi en ajoutant de la nouvelle neige ; elle a grandi parce que la neige qu'elle a collectée plus tôt a commencé à en collecter encore plus. Votre argent fait la même chose. Vous gagnez des intérêts sur votre dépôt initial, puis vous gagnez des intérêts sur cet intérêt. Vous avez mis 100 $, vous gagnez 10 $, et maintenant votre compte génère des revenus sur 110 $, pas seulement 100 $. C'est l'effet boule de neige, et le temps équivaut à la longueur de la colline.

La magnifique réalité de la composition est que la taille de votre investissement initial compte beaucoup moins que le temps que vous laissez à cette boule de neige pour rouler.

L'avantage temporel que vous possédez actuellement, en tant qu'investisseur jeune, vaut littéralement des centaines de milliers de dollars. Prouvons-le.

La Différence de 500 000 $: Pourquoi Dix Ans Comptent

Imaginez deux amis, tous deux visant à prendre leur retraite à 65 ans. Tous deux sont intelligents, disciplinés et s'engagent à investir 200 $ chaque mois (ou 2 400 $ par an). Nous allons supposer un rendement historique moyen de 10 % - ce qui est typique pour un investissement à long terme sur le marché boursier.

Investisseur A : Le Précoce de 16 Ans

Commence à investir à 16 ans.

Contribue 200 $ par mois jusqu'à 65 ans (49 ans de composition).

Total d'argent contribué : 117 600 $.

Capital final à 65 ans : Environ 2 875 000 $.

Investisseur B : Le Tardif de 26 Ans

Commence à investir à 26 ans.

Contribue 200 $ par mois jusqu'à 65 ans (39 ans de composition).

Total d'argent contribué : 93 600 $.

Capital final à 65 ans : Environ 1 090 000 $.

Regardez de près les chiffres. L'investisseur A, âgé de 16 ans, n'a contribué que 24 000 $ de plus tout au long de sa vie (juste 200 $ par mois pendant 10 années supplémentaires). Mais parce qu'il a laissé son argent s'accumuler pendant dix années supplémentaires, il a terminé avec 1 785 000 $ de plus que son ami qui a attendu une seule décennie.

Si nous devions tracer un graphique, la différence ressemblerait à un bâton de hockey :

1. Âges 16-26 : La ligne de l'Investisseur A grimpe lentement. Cela rapporte, mais la croissance est faible. L'investisseur B est à plat.

2. Âges 26-45 : Les deux lignes commencent à monter, mais la ligne de l'investisseur A est visiblement plus haute.

3. Âges 45-65 : La ligne de l'investisseur A monte presque verticalement. L'écart entre les deux investisseurs devient un gouffre. C'est à ce moment-là que l'accumulation s'accélère vraiment, et l'investisseur A gagne des centaines de milliers de dollars simplement grâce aux intérêts générés par ses investissements précoces.

C'est le pilier central de pourquoi commencer jeune est le code triche ultime. Vous n'avez pas besoin d'une pile géante de liquidités ; vous avez besoin de temps. Votre premier 100 $, investi aujourd'hui, vaudra probablement beaucoup plus à 65 ans que le 1 000 $ que vous investissez lorsque vous avez 40 ans, car ce 100 $ initial a presque un demi-siècle pour s'accumuler.

Votre mission est de faire rouler cette petite boule de neige maintenant, puis de l'alimenter régulièrement. L'univers s'occupera de la croissance exponentielle.

EXPOSÉ : LES 3 PLUS GRANDS MENSONGES QUI EMPÊCHENT 99% DES ADOLESCENTS D'INVESTIR (INDICE : VOUS N'AVEZ PAS BESOIN DE 1 000 $ NI DE DIPLÔME)

Si vous avez entendu dire que l'investissement est trop compliqué, trop cher ou trop risqué pour un adolescent, vous avez écouté les anciennes règles obsolètes des finances. Voici les trois plus grands mythes perpétués par des personnes qui ne s'investissent pas elles-mêmes ou qui ont commencé il y a 30 ans, lorsque les règles étaient totalement différentes.

Il est temps de les exposer.

MENSonge #1 : Vous avez besoin de milliers de dollars pour commencer

C'est peut-être le mensonge le plus tenace et frustrant qui soit. Il y a des générations, si vous vouliez acheter une seule action d'une grande entreprise comme Amazon ou Google, vous pourriez avoir besoin de centaines, voire de milliers de dollars. Si vous commenciez avec 50 $ gagnés en tondant des pelouses, vous étiez complètement bloqué.

La réalité : Vous pouvez commencer avec 5 $.

La technologie qui alimente votre compte de courtage a évolué plus rapidement que la réputation de Wall Street. Aujourd'hui, la fonctionnalité révolutionnaire pour les investisseurs adolescents est l'invention des actions fractionnaires.

Qu'est-ce qu'une action fractionnaire ? C'est exactement ce que cela semble être : une petite part d'une action très coûteuse. Au lieu de devoir 3 000 $ pour une action entière de l'Action X, vous pouvez dire à votre courtier : « Je veux acheter pour 10 $ d'Action X. » Ils vous donneront 0,0033 actions. Vous bénéficiez toujours de la croissance, et vos 10 $ sont désormais investis dans une entreprise de premier plan.

Comme la plupart des courtiers majeurs et adaptés aux adolescents (que nous aborderons au chapitre 3) offrent des actions fractionnaires et n'ont aucun minimum de compte, la barrière d'entrée a totalement disparu. Si vous avez assez d'argent pour une grande pizza, vous avez assez d'argent pour commencer à investir. Votre concentration doit être sur la cohérence, et non sur la taille du capital.

MENSonge #2 : Vous devez être un génie de la finance (ou avoir un diplôme universitaire)

Les films et les émissions de télévision adorent dépeindre les investisseurs comme des sorciers des mathématiques hyper-cafés hurlant un jargon complexe à travers un floor de trading. Cette imagerie est conçue pour intimider et vous faire sentir que, à moins que vous ne compreniez la différence entre EBITDA et CAPEX, vous ne devriez même pas vous en donner la peine.

La réalité : Le succès dans l'investissement nécessite de la discipline et du temps, pas de génie.

La vérité fondamentale de l'investissement réussi est que la complexité tue souvent les rendements. La stratégie la plus simple et la plus efficace - celle défendue par des légendes milliardaires comme Warren Buffett - est souvent la plus ennuyeuse : acheter des fonds indiciels larges et les conserver pendant des décennies.

Vous n'avez pas besoin de lire les nouvelles quotidiennes ou de mémoriser le ratio cours/bénéfice (P/E) de chaque action. Vous devez simplement comprendre quelques concepts de base (comme la magie de la composition, que nous avons discutée plus tôt) et faire confiance à la croissance à long terme de l'économie mondiale.

En fait, être un outsider est souvent un avantage. Puisque vous n'êtes pas encombré par un jargon compliqué, vous pouvez vous concentrer sur les bases :

1. L'entreprise génère-t-elle des bénéfices ?
2. Les gens utiliseront-ils encore ce produit dans 10 ans ?
3. S'agit-il d'une technologie nécessaire ?

Vous, en tant que jeune consommateur féru de technologie, avez un avantage sur les analystes financiers de 50 ans parce que vous comprenez les tendances actuelles - les applications, les entreprises de jeux, les plateformes de médias sociaux - qui définissent l'avenir. Ne sous-estimez pas vos connaissances de consommateur ; c'est un outil de recherche puissant (comme nous le discuterons au chapitre 5).

MENSonge #3 : Vous avez besoin de la permission de vos parents pour chaque mouvement

Bien que vous soyez mineur, la loi exige qu'un adulte agisse comme le tuteur (gestionnaire) de votre compte. Cela est conçu pour vous protéger, mais de nombreux adolescents comprennent mal cette règle pour signifier qu'ils ont zéro contrôle sur leur argent et que leurs parents doivent être consultés avant chaque achat de 25 $.

La réalité : Le compte vous appartient, et vous êtes le décideur.

Lorsque vous ouvrez un compte de tutelle (comme un UGMA ou un UTMA, que nous détaillerons plus tard), l'argent appartient légalement à vous, le mineur. L'adulte est simplement le gestionnaire jusqu'à ce que vous ayez 18 ans (ou 21, selon l'État).

La meilleure partie des comptes de tutelle modernes est qu'ils sont conçus pour l'éducation. De nombreux courtiers majeurs permettent à l'adolescent de télécharger l'application, de faire ses recherches et de passer des ordres de manière indépendante. Le tuteur (parent ou tuteur légal) n'a généralement besoin d'approuver que la configuration initiale du compte et peut-être le transfert de fonds.

Pensez-y comme à la conduite. Votre parent peut être dans le siège passager, obligé par la loi d'y être, mais vous êtes celui qui est au volant de la route. Votre tuteur est là pour la supervision, pas pour la micro-gestion.

En commençant maintenant, vous montrez une maturité et une responsabilité financières, ce qui mène généralement à une plus grande confiance et autonomie de la part de vos parents concernant vos décisions d'investissement. La clé est de montrer que vous avez fait vos devoirs. Et lire ce livre est la première étape pour prouver cela.

La liste de souhaits de l'investisseur : Comment financer ce PC de jeu, l'université ou le futur manoir (Le mécanisme de fixation d'objectifs)

La plupart des gens pensent que l'investissement consiste à choisir la bonne entreprise. Ce n'est que la moitié de l'histoire. La première étape, la plus cruciale, est de savoir pourquoi vous investissez. Sans un but spécifique, votre argent est juste un cash paresseux qui attend d'aller chercher une collation. Quand vous donnez une mission à vos dollars, ils commencent à travailler comme de petits employés concentrés.

C'est votre liste de souhaits d'investisseur, et elle sera la boussole qui dicte exactement à quel point vos investissements doivent être risqués (ou sûrs).

Le mécanisme central est simple : plus le délai avant que vous ayez besoin d'argent est court, plus cet argent doit être sûr. Plus la durée est longue, plus vous pouvez prendre de risques (et de récompenses potentielles).

Décomposons vos objectifs en trois catégories essentielles.

L'objectif de 1 à 3 ans : L'argent "qu'il vous faut bientôt"

Ce sont vos désirs immédiats – les choses que vous souhaitez acheter tant que vous vivez encore sous le toit de quelqu'un d'autre.

Exemples :

1. Un moniteur de jeu 4K à la pointe de la technologie ou une nouvelle console.

2. Un fonds pour une voiture spécifique (économiser pour l'acompte ou la première année d'assurance).

3. Des billets pour un festival de musique d'été ou un voyage international spécifique.

La stratégie : La sécurité avant tout.

Si vous avez besoin d'argent dans les trois prochaines années, le marché boursier est trop volatile. Imaginez mettre 1 500 $ sur cette nouvelle configuration de jeu, juste pour que le marché chute de 20 % juste avant que vous ne prévoyiez de l'acheter. Investir pour un objectif à court terme comme celui-ci est de la chance. Vous ne pouvez pas risquer de perdre le montant principal.

Niveau de risque : Ultra-bas.

Pour ces objectifs, vous vous concentrez sur la préservation du capital et la liquidité. Cet argent devrait être placé dans un compte d'épargne à haut rendement ou un certificat de dépôt (CD). La croissance sera lente, mais elle est garantie. C'est ennuyeux, mais cela accomplit le travail sans risquer votre liste de souhaits immédiate.

L'objectif de 3 à 7 ans : La cible intermédiaire

Cette catégorie inclut des dépenses fondamentales plus grandes de la vie qui sont encore visibles à l'horizon.

Exemples :

1. Financer les deux premières années de frais de scolarité ou de logement universitaire.
2. Acheter votre première voiture d'occasion fiable en totalité.
3. Capital de départ pour une petite entreprise après l'obtention de votre diplôme.

La Stratégie : Croissance Équilibrée.

Comme vous avez quelques années pour que l'argent récupère après d'éventuelles baisses soudaines du marché, vous pouvez vous permettre de commencer à introduire un risque d'investissement. La volatilité du marché boursier a tendance à se lisser sur une période de trois à sept ans, ce qui fait de ce moment le territoire parfait pour vos premiers investissements.

Niveau de Risque : Modéré.

Pour cet argent, vous pourriez utiliser une allocation de 60/40. Cela signifie que 60% de l'argent est axé sur la croissance (investi dans des fonds large et diversifiés comme le S&P 500), et 40% est conservé dans des actifs plus sûrs et stables (comme des obligations ou des équivalents de liquidités). Si le marché trébuche, les actifs stables fournissent un coussin. Si le marché s'envole, les actifs de croissance capturent l'ascension. C'est la zone de compromis.

L'Objectif de 7+ Ans : La Machine à Liberté (Votre Vraie Horizon d'Investissement)

C'est le gros enjeu. Ce sont les objectifs liés à la liberté financière future, dans des décennies. C'est l'argent que vous devez traiter comme intouchable jusqu'à ce que vous soyez bien adulte. C'est là que la magie des intérêts composés opère le plus fort.

Exemples :

1. La retraite (Oui, commencez à y penser maintenant – vous serez millionnaire avant que vos amis ne commencent à lire ce chapitre).

2. L'acompte pour une future maison ou "mansion".

3. Financer une expérience de voyage pendant une année sabbatique après le collège.

4. Futures sources de revenus passifs.

La Stratégie : Croissance Maximale.

Quand vous avez 16 ans, vous avez 40 ou 50 ans avant la retraite. Un krach boursier qui se produit aujourd'hui sera une petite, insignifiante fluctuation sur votre graphique financier dans trente ans. Comme vous avez le temps de votre côté, vous pouvez embrasser les actifs à haut risque, mais finalement plus gratifiants, à forte croissance.

Niveau de Risque : Agressif.

L'objectif principal ici est de maximiser la croissance. Cet argent doit être presque entièrement investi dans des actions et des fonds basés sur des actions (jamais moins de 80% à 100%). Vous ne devez pas paniquer lorsque le marché baisse, car lorsque les actions sont en promotion, vous achetez plus d'actions pour le long terme.

Votre âge est votre code de triche ultime. Un quinquagénaire approchant de la retraite ne peut se permettre un risque agressif ; il a besoin de sécurité. Vous, en revanche, pouvez absorber les coups du marché et en bénéficier énormément quand le marché rebondit inévitablement.

Mécanisme de Fixation des Objectifs en Action

En fixant ces objectifs, vous créez des compartiments dédiés pour votre argent. Vous ne mettez plus simplement de l'argent dans un compte ; vous allouez des ressources vers des missions spécifiques.

Si vous gagnez 100 $ cette semaine grâce à un petit boulot, vous ne le déposez pas simplement dans un même endroit. Vous décidez :

1. 20 $ vont dans le compartiment à Court Terme (pour ce nouveau casque) – Épargne à haut rendement.

2. 30 $ vont dans le compartiment à Moyen Terme (fonds pour la première voiture) – Investissement dans des fonds indiciels modérés.

3. 50 $ vont dans le compartiment à Long Terme (future liberté) – Investissement agressif dans des actions/ETF.

En comprenant la relation entre la durée de l'objectif et le niveau de risque inhérent, vous vous assurez de ne jamais avoir à vendre un actif de croissance à bas prix juste pour couvrir une dépense immédiate. Votre liste de souhaits n'est pas seulement une liste de choses que vous voulez ; c'est la carte de votre stratégie d'investissement.

CHAPTER TWO

MAÎTRISE DE LA GESTION DES RESSOURCES : VOTRE ENTONNOIR DE FLUX DE TRÉSORERIE EXPLIQUÉ (POURQUOI SUIVRE 10 $ MAINTENANT VOUS ÉCONOMISE 10 000 $ PLUS TARD)

Si le Chapitre 1 parlait de bien se préparer mentalement, le Chapitre 2 est consacré à s'assurer que votre portefeuille est prêt à jouer.

La plupart des gens – adultes compris – traitent l'argent comme s'il s'agissait d'une surprise lorsque le compte bancaire est à zéro. Ils ont une idée générale de combien ils gagnent, et une idée encore plus floue de où tout va. Cette approche passive est la principale raison pour laquelle les gens échouent à investir. Pourquoi ? Parce que vous ne pouvez pas déployer des ressources que vous ne savez pas avoir.

Pensez à vos finances personnelles comme à une gestion stratégique des ressources, exactement comme dans votre jeu vidéo préféré. Vous ne commenceriez pas une quête énorme sans vérifier votre inventaire, optimiser votre équipement et vous assurer que votre barre de mana est pleine. Votre entonnoir de flux de trésorerie est votre jauge de ressources. Si vous gérez efficacement 10 $ aujourd'hui, en identifiant où ce petit billet de dix dollars va, vous construisez les compétences qui géreront automatiquement 10 000 $ efficacement demain.

Avant même de regarder un tic de bourse, nous devons localiser votre "Numéro d'Excédent d'Investissement". Transformons le suivi de votre argent en un plaisir moins fastidieux et plus comme une chasse au trésor.

La Fuite Cachée : Identifier Quels Dollars Sabotent Votre Compte d'Investissement (Et Comment Obstruer le Trou)

Dans le monde de la richesse, il existe deux types de personnes : celles qui gèrent leurs ressources et celles qui laissent leurs ressources les gérer.

Si vous attendez la fin du mois pour voir si vous avez de l'argent à investir, vous êtes déjà en train de perdre. Cet argent restant est généralement zéro, car la nature humaine est conçue pour élargir les dépenses afin de s'adapter à l'espace disponible. Nous allons inverser cela. Nous allons d'abord créer un budget d'investissement intentionnel.

Pour ce faire, nous devons diagnostiquer où coule votre cash – et où il fuit.

Étape 1 : Déterminer Vos Flux de Revenus (L'Input de Ressources)

En tant qu'adolescent, vos revenus tombent probablement dans l'une de ces deux catégories :

1. Cash Passif (La Bourse) : Cela inclut l'argent de poche, les cadeaux en espèces pour les anniversaires, et le revenu non imposable que vous recevez sans pointage. Ce revenu est très flexible, ce qui signifie qu'un pourcentage plus élevé peut souvent aller directement dans les investissements.

2. Revenu Gagné (La Peine) : Il s'agit de l'argent d'un emploi, que ce soit retourner des hamburgers, faire du babysitting, donner des cours ou créer des sites web. Ce revenu est souvent soumis à des taxes (nous aborderons cela plus tard) et constitue le moteur de votre future richesse.

Notez chaque dollar qui entre dans votre possession au cours d'un mois. C'est votre Revenu Brut.

Étape 2 : Suivre les Dépenses (L'Écoulement de Ressources)

C'est la partie inconfortable mais nécessaire. Pendant trente jours – juste trente jours – vous devez suivre chaque dollar qui sort de vos mains. Si vous dépensez 4,50 $ pour un café, suivez-le. Si vous dépensez 80 $ pour des V-bucks, suivez-le.

Suivre ne signifie pas juger. Cela signifie diagnostiquer. Vous ne faites pas cela pour vous sentir mal au sujet des choses amusantes que vous avez achetées ; vous le faites pour comprendre vos habitudes de consommation de base.

Le moyen le plus simple de suivre cela est généralement via une application bancaire qui catégorise automatiquement vos dépenses, ou simplement en prenant une photo rapide de chaque reçu et en l'enregistrant dans une application de notes ou un tableur chaque soir. Si vous utilisez fréquemment des espèces, vous devez tout écrire manuellement.

Après la période de suivi de 30 jours, examinez les catégories :

Catégorie A : Coûts Fixes/Non Négociables. (Peut-être une facture de téléphone mensuelle, un abonnement de bus, ou une contribution pour la connexion internet familiale.)

Catégorie B : Discrétionnaire/Désirs. (Livraison de nourriture, restauration rapide, vêtements, abonnements de divertissement, jeux.)

Catégorie C : Épargne/Investissement. (Espérons que zéro pour l'instant, mais nous allons changer cela.)

Étape 3 : Obstruer la Fuite Cachée et Trouver Votre Excédent

La plupart des gens découvrent que 20% à 40% de leurs dépenses tombent dans la Catégorie B (Désirs) et impliquent souvent de petits achats répétés qui s'additionnent - la "Fuite Cachée."

Peut-être que vous dépensez 7 $ par jour, cinq jours par semaine, pour une boisson à café spécialisée. Cela fait 35 $ par semaine, soit 140 $ par mois. Ces 140 $ ne sont pas juste 140 $. Si vous investissiez ces 140 $ chaque mois de 16 à 65 ans, avec un rendement moyen standard de 8 %, cette habitude de café coûterait à votre futur vous environ 800 000 $!

En identifiant et en réduisant juste une petite fuite cachée, vous avez maintenant trouvé votre Numéro d'Excédent d'Investissement. C'est le montant minimum que vous êtes garanti d'avoir disponible chaque mois pour financer votre portefeuille.

Le Hack de Budget de 5 Minutes™ : Comment Contrôler Vos Dépenses Sans Se Sentir Pauvre

Lorsque la plupart des gens entendent le mot "budget", ils imaginent une corvée restrictive et qui tue la joie. Ils imaginent manger des tartines sèches et annuler leur abonnement Netflix. Nous allons changer cette narration.

Établir un budget n'est pas une privation ; c'est une permission. C'est la permission de dépenser de l'argent pour des choses qui comptent, car vous vous êtes déjà occupé des choses qui comptent le plus – votre avenir.

Notre objectif est de mettre en place un système à fort impact et à faible friction. Nous l'appelons le Hack Budgétaire 5 Minutes™ car il devrait nécessiter un temps minimal et aucun effort une fois installé.

Le Remix de la Règle 50/30/20 des Ados

Vous avez peut-être entendu parler de la classique règle 50/30/20. Nous l'adaptons car votre vie financière en ce moment est plus simple que celle d'un adulte qui paie des loyers et des hypothèques.

L'objectif est de trier vos Revenus Bruts immédiatement après les avoir reçus :

1. 20 % pour le Futur Soi (Investissement & Économies à Long Terme) : C'est le seau le plus important. Cet argent est intouchable et va directement dans votre portefeuille à long terme.

2. 30 % pour les Objectifs à Court Terme (Économies pour Désirs) : C'est le fonds pour votre prochain grand achat : des billets de concert, une nouvelle console de jeu ou un

voyage pendant les vacances de printemps. Cet argent reste sur un compte d'épargne facilement accessible et est ce qui vous empêche de puiser dans votre seau d'investissement de 20 %.

3. 50 % pour les Dépenses/Vivres Discrétionnaires : Cela couvre toutes vos dépenses immédiates nécessaires et l'argent "plaisir" sans culpabilité pour le mois. Cela inclut l'essence, les contributions familiales mineures et les visites quotidiennes au fast-food.

Pourquoi cela fonctionne-t-il ? Parce que vous pré-investissez l'argent avant même de le voir. Tout ce qui reste dans le seau de 50 % est à vous de dépenser sans remords. Si vous dépensez tout en pizza lors de la première semaine, c'est parfait ! Vos investissements sont toujours sécurisés et vous devez juste gérer sans dépenses supplémentaires pendant les trois prochaines semaines. C'est la définition du contrôle.

Mise en œuvre du Hack grâce à la Technologie

Puisque vous êtes natif numérique, les livres de comptes manuels sont une perte de temps. Utilisez ces outils modernes :

Catégorisation des applications bancaires : La plupart des comptes bancaires modernes catégorisent automatiquement vos dépenses (épicerie, divertissement, factures). Utilisez ces fonctionnalités intégrées pour surveiller rapidement vos dépenses dans la catégorie de 50 %.

Automatisation de la prise de notes : Utilisez une application Notes simple sur votre téléphone. Chaque jour, faites une rapide entrée de vos dépenses. Vous n'avez pas besoin de logiciels sophistiqués ; la cohérence l'emporte sur la complexité.

Système d'Enveloppe/De Pot (Édition Numérique) : Créez des comptes bancaires ou des dossiers d'épargne séparés (si votre banque le permet) étiquetés "Investissement", "Fonds pour PC de jeu" et "Dépenses". Lorsque vos revenus arrivent, transférez manuellement ou automatiquement d'abord les 20 % et 30 %. Cela crée une séparation visuelle, garantissant que l'argent est psychologiquement intouchable.

AVERTISSEMENT : LE 'VIRUS D'INTÉRÊT' QUI TUE INSTANTANÉMENT L'INTÉRÊT COMPOSÉ (ET COMMENT IMMUNISER VOS FINANCES)

Dans le Chapitre 1, nous avons célébré la magie des intérêts composés - ce merveilleux moteur qui fait croître l'argent de manière exponentielle pendant que vous dormez.

La dette est l'image miroir des intérêts composés. La dette est un composé inversé. C'est le "Virus d'Intérêt" qui travaille sans relâche contre vous, veillant à ce que vous payiez plus pour tout et que votre argent réduise pendant que vous dormez.

Pour réussir à investir, vous devez adopter une règle fondamentale : Évitez la dette à intérêt élevé comme si c'était un poison littéral.

Bonne Dette vs. Mauvaise Dette

Toute dette n'est pas automatiquement maléfique, bien que, en tant qu'adolescent, votre exposition devrait être minimale.

Bonne Dette (L'Accélérateur) : C'est la dette utilisée pour acquérir des actifs qui s'apprécient ou augmentent votre pouvoir de gain à long terme (par exemple, les prêts étudiants pour un diplôme de grande valeur, une hypothèque raisonnable pour acheter une maison).

Mauvaise Dette (Le Destructeur) : C'est la dette utilisée pour acheter des passifs consommables - des choses qui perdent immédiatement de la valeur (par exemple, la dette de carte de crédit à intérêt élevé, les prêts de jour de paie, acheter un actif dépréciant comme une voiture avec un financement coûteux).

Le danger le plus immédiat pour un jeune investisseur est la dette de consommation à intérêt élevé. Bien que la dette de carte de crédit traditionnelle puisse être moins courante pour les mineurs, le principe s'applique à tout emprunt à coût élevé. Cela peut se manifester par :

1. Applications "Achetez Maintenant, Payez Plus Tard" : Celles-ci incitent souvent les utilisateurs avec un intérêt nul, mais si vous manquez un paiement, les frais et taux d'intérêt peuvent exploser et devenir prédateurs.

2. Frais de retard et découverts : Les banques facturent d'énormes pénalités pour de petites erreurs. Ces frais de 35 $ sont essentiellement des prêts à intérêt élevé qui volent directement dans votre fonds d'investissement potentiel.

3. Emprunter aux Amis/Famille à des Taux Punitifs : Si vous empruntez 100 $ et devez rembourser 120 $ la semaine prochaine, cela représente un taux d'intérêt de 20 % en sept jours !

Pourquoi la Dette Tue Votre Potentiel d'Investissement

Si votre investissement génère 8 % par an, mais que vous avez une dette de consommation qui coûte 18 % par an, vous perdez de l'argent dans l'ensemble. Vous devez rembourser cette dette de 18 % avant de pouvoir réaliser le gain de 8 %.

Protocole d'Immunisation : Prioriser la Dette Zéro

Si vous avez actuellement une dette à intérêt élevé (à l'exception d'un paiement automobile responsable ou d'un prêt étudiant), votre première priorité n'est pas d'investir. Votre première priorité est de régler cette dette.

Pensez-y de cette manière : Rembourser une dette avec un taux d'intérêt de 18 % équivaut à faire un investissement qui garantit un retour de 18 % exonéré d'impôts - quelque chose que vous ne trouverez jamais sur le marché boursier. Éliminez le virus avant de commencer à construire. Une fois la dette réduite à zéro, votre argent est désormais immunisé et prêt à être déployé pour la croissance.

Le Mandat 'Payez-Vous D'abord' : La Règle Unique qui Vous Force à Devenir Riche

Nous avons trouvé l'argent caché (le surplus), nous l'avons budgété (la règle 50/30/20), et nous l'avons immunisé contre le Virus d'Intérêt (en évitant la dette). Maintenant, nous exécutons la dernière règle fondamentale : Le Mandat 'Payez-Vous D'abord'.

C'est le principe qui transforme les épargnants moyens en investisseurs constants.

La plupart des gens fonctionnent selon cette équation :

Revenus - Dépenses = Restes (Épargne/Investissement)

Comme nous l'avons appris, "Restes" équivaut généralement à zéro. L'équation correcte pour garantir la création de richesse doit être inversée :

Revenus - Investissement = Dépenses (Restes)

Cela signifie que lorsque l'argent arrive sur votre compte, les 20 % désignés pour l'investissement passent immédiatement au seau d'investissement, quel que soit les dépenses à venir. Seuls les 80 % restants sont disponibles pour votre mode de vie.

Définir les Seaux : Épargne vs. Investissement

Bien que l'épargne et l'investissement impliquent de mettre de l'argent de côté, ils servent des objectifs fondamentalement différents en fonction de leur chronologie et de leur niveau de sécurité.

Le Seau d'Épargne (La Réserve d'Urgence)

Objectif : Sécurité, liquidité et objectifs à court terme (moins de 5 ans).

But : Conserver de l'argent liquide pour de véritables urgences (un téléphone cassé, des problèmes de voiture, des factures imprévues) ou des achats à court terme (le PC de jeu).

Emplacement : Un compte d'épargne à haut rendement (HYSA). Le taux de croissance est faible (peut-être 4-5 %), mais le risque est nul. Cet argent est protégé des fluctuations du marché.

Mandat : Vous devriez essayer de constituer un fonds d'urgence équivalent à un à trois mois de vos dépenses nécessaires. Étant donné que les adolescents ont généralement des dépenses fixes plus faibles, même 500 à 1 000 $ peut servir de bouclier robuste.

Le Seau d'Investissement (Le Moteur de Richesse)

Objectif : Croissance, composé, et liberté financière à long terme (plus de 5 ans).

But : Accumuler des actifs qui génèrent des rendements (actions, fonds).

Emplacement : Votre compte de courtage (Chapitre 3).

Mandat : Cet argent est alloué à des actifs à plus haut risque et à plus haut rendement et est censé y rester pendant des décennies.

Pourquoi est-ce crucial ? Si vous n'avez pas de filet de sécurité d'épargne, au moment où la vie vous lance un imprévu, vous serez contraint de vendre vos investissements au mauvais moment (probablement lorsque le marché est en baisse) pour couvrir la dépense. Le seau d'épargne sert de bouclier en fer protégeant votre portefeuille.

En mettant en œuvre le Mandat 'Payez-Vous D'abord', vous établissez essentiellement un contrat inviolable avec votre futur soi. Vous tirez parti des systèmes - et non de la volonté - pour garantir que l'argent travaille pour vous, chaque fois que vous êtes payé. Vous avez maintenant optimisé votre tunnel de gestion des ressources et êtes prêt à passer à l'étape pratique : ouvrir le compte où votre capital récemment trouvé commencera à composer.

LA FUITE CACHÉE : IDENTIFIER QUELS DOLLARS SABOTENT VOTRE COMPTE D'INVESTISSEMENT (ET COMMENT BOUCHER LE TROU)

Si vous êtes prêt à devenir un investisseur, le tout premier pas n'est pas l'ouverture d'un compte de courtage - c'est réaliser un audit forensic de votre propre portefeuille.

Pensez à votre flux de trésorerie comme à un système de plomberie sophistiqué. Si vous voulez remplir le réservoir d'investissement, vous devez d'abord vous assurer que la pression de l'eau est bonne et qu'il n'y a pas de fuites sournoises et cachées permettant aux dollars de s'écouler sur le trottoir.

Pour la plupart des jeunes, l'argent entre dans le système par deux tuyaux très distincts. Comprendre de quel tuyau provient votre argent est essentiel, car nous avons tendance à les traiter différemment.

Le premier tuyau est votre Revenu gagné. C'est ce que vous échangez contre votre temps et votre sueur. Si vous avez un emploi à temps partiel à retourner des hamburgers, à donner des cours de géométrie, à coder des sites Web ou à promener des chiens, cet argent est gagné. Vous ressentez son poids parce que vous avez travaillé pour l'obtenir. Vous en êtes généralement plus prudent, précisément parce que vous vous souvenez de vous être levé tôt un samedi pour l'obtenir.

Le deuxième tuyau est l'Argent Passif. Cela inclut votre allocation hebdomadaire ou mensuelle, les chèques d'anniversaire de Grand-mère, ou les 50 $ que votre père vous a donnés pour avoir nettoyé le garage. Cet argent a souvent l'air d'être de l'« argent gratuit ». Il arrive dans vos mains sans l'effort direct et récent d'un échange de temps.

Et c'est ici que commence le sabotage.

La fuite cachée dans 90 % des finances des adolescents est l'Argent Passif.

Parce qu'il donne l'impression d'être un coup de chance, c'est l'argent le plus facile à gaspiller sur des achats impulsifs et de faible valeur. Ces 20 $ d'allocation supplémentaires ? Ils disparaissent dans trois lattes et un achat dans l'application dont vous ne vous souviendrez pas la semaine prochaine. Le chèque d'anniversaire de 100 $? Il s'évapore dans un vague shopping qui vous laisse sans rien de tangible, et certainement sans rien investi.

Lorsque vous ne suivez pas l'argent passif, vous lui assigniez mentalement une valeur nulle. Il n'atteint jamais le compte d'épargne, et il n'atteint certainement jamais le compte d'investissement. C'est la fuite de dollars qui peut vous coûter des dizaines de milliers dans votre future richesse. Ces 100 $, s'ils sont investis aujourd'hui et capitalisés pendant les 40 prochaines années, valent bien plus que ce butin aléatoire du centre commercial.

Colmater la Fuite : Calculer Vos Ressources Investissables

Pour arrêter la fuite, vous devez traiter chaque dollar—gagné ou passif avec le même respect et la même attention. Cela nécessite de combiner les deux flux puis de calculer votre véritable revenu disponible pour investir.

Étape 1 : Additionnez Votre Revenu Total

Ajoutez tout ce que vous recevez en un mois :

Salaires de votre emploi (Gagné)

Allocation (Passif)

Revenu régulier d'un petit boulot (Gagné)

Tout autre cadeau en espèces ou flux de revenus régulier (Passif)

Étape 2 : Identifiez les Dépenses Non Négociables

Étant donné que vous vivez probablement sous le toit de vos parents, vos dépenses nécessaires sont bien inférieures à celles d'un adulte, ce qui est votre énorme avantage ! Ces dépenses nécessaires sont les dollars qui doivent absolument quitter votre compte pour la survie ou les engagements de base.

Facture de téléphone (si vous la payez)

Coûts d'essence/de transport

Argent pour le déjeuner/coûts alimentaires nécessaires

Paiements de dettes (le cas échéant, bien que de préférence, cela soit zéro, comme le discutera le Chapitre 2.3)

Étape 3 : Calculez le Revenu Disponible

Revenu Total - Dépenses Non Négociables = Revenu Disponible

Ce chiffre de Revenu Disponible est le pool de ressources sur lequel vous avez un contrôle total. C'est l'argent qui est actuellement réparti entre l'investissement, les économies à court terme (comme économiser pour une nouvelle console de jeux) et les dépenses liées au mode de vie (argent de loisir).

C'est à ce moment que la plupart des gens échouent. Ils attendent la fin du mois pour voir ce qui reste à investir. Mais si vous attendez la fin, il n'y a jamais rien qui reste, car la fuite cachée (les dépenses de consommation impulsives) a déjà vidé le réservoir.

L'investisseur professionnel, cependant, fonctionne sous le mandat « Payez-vous d'abord » (que nous aborderons en détail plus tard). La stratégie clé ici est de immédiatement réserver une partie de ce Revenu Disponible pour l'investissement.

Disons que votre Revenu Disponible est de 400 $ ce mois-ci. Avant même de penser à acheter une nouvelle paire de chaussures ou à améliorer votre équipement, vous devez affecter 100 $ au « Seau d'Investissement ». Ce 100 $ est désormais hors limites. C'est un engagement. C'est le dollar qui va vers l'achat d'une part de propriété dans Apple, pas juste une autre paire d'AirPods.

En reconnaissant que l'argent passif et le revenu gagné ont une valeur égale et en calculant le montant total dont vous avez le contrôle, vous vous transformez d'un consommateur passif en un gestionnaire de ressources actif. Vous ne vous contentez pas de suivre votre argent ; vous déployez stratégiquement vos actifs pour saboter la pauvreté de votre futur vous. La fuite est colmatée. Maintenant, découvrons comment gérer le flux.

LE HACK BUDGET DE 5 MINUTES™ : COMMENT CONTRÔLER VOS DÉPENSES SANS SE SENTIR PAUVRE

Si vous entendez le mot « budgétisation » et que vous imaginez instantanément vos grands-parents équilibrant un chèque tout en ayant l'air triste, vous n'êtes pas seul. La plupart des gens considèrent la budgétisation comme une prison financière—un ensemble de règles conçues uniquement pour empêcher la joie.

Mais retournons le script. La budgétisation ne concerne pas la privation ; elle concerne le contrôle. C'est la différence entre conduire une voiture avec un écran de navigation clair et conduire les yeux bandés. Lorsque vous savez exactement où se trouvent vos ressources, vous obtenez la puissance de les diriger vers ce que vous souhaitez vraiment—que ce soit un nouveau PC de jeux le mois prochain ou un immense portefeuille d'investissement dans 15 ans.

La façon traditionnelle, douloureuse de budgétiser est morte. Nous allons utiliser deux stratégies modernes et peu exigeantes pour automatiser votre tunnel de flux de trésorerie.

Le but ? Passer cinq minutes à mettre en place le système, puis laisser le système faire le travail lourd.

1. Le Suivi Moderne : Applications Qui Font les Calculs pour Vous

Oubliez les carnets et les tableurs. Vous avez besoin d'un système qui suit votre argent de manière passive. Comme la plupart des adolescents ont affaire à des allocations, des revenus d'emploi à temps partiel déposés directement ou à des méthodes de paiement numériques comme Venmo/Cash App, les données sont déjà numériques.

Le Pouvoir de la Conscience : Vous n'avez pas besoin de changer radicalement vos habitudes de dépense dès le premier jour. Vous devez juste les connaître. Suivre, c'est simplement faire l'inventaire. Lorsque vous voyez noir sur blanc que vous avez dépensé 60 $ en nourriture de livraison la semaine dernière, cela vous frappe différemment que si vous vous en fichiez.

Votre Plan d'Action de 2 Minutes :

1. Vérifiez Vos Statistiques de Banque/App : De nombreuses applications bancaires modernes (et des applications de suivi spécialisées comme Mint ou YNAB, si votre parent responsable le permet) peuvent automatiquement catégoriser vos dépenses. Regardez les graphiques qu'elles génèrent. Quelle est votre plus grande catégorie de dépenses en dehors des besoins essentiels ?

2. L'Audit par Capture d'Écran : Si vous n'utilisez pas d'application bancaire, prenez trois minutes chaque semaine pour parcourir votre historique de transactions par le moyen que vous utilisez (carte de débit, Apple Pay, etc.). Créez trois étiquettes simples :

Essentiel : Factures, essence, fournitures scolaires nécessaires.

Amusement : Tout le reste (Starbucks, films, jeux).

Investissable : Ce qui reste.

Cet exercice de triage simple vous montre instantanément où se trouvent les dépenses superflues—les dollars non essentiels qui pourraient travailler pour vous à la place.

2. La Règle 50/30/20 : Le Mandat d'Investissement des Adolescents

Une fois que vous savez où va votre argent, il est temps de donner une mission à chaque nouveau dollar. Ce hack est basé sur le principe éprouvé des 50/30/20, modifié spécifiquement pour la structure financière d'un adolescent où le loyer et les hypothèques ne sont pas généralement un facteur.

Votre revenu—qu'il soit gagné, offert, ou venant de l'allocation—est de 100 %. Voici comment vous le divisez stratégiquement :

A. 50 % Essentiels & Objectifs à Court Terme (Le Filet de Sécurité)

Étant donné que vous n'avez probablement pas de factures de services publics, cette catégorie couvre vos responsabilités financières directes et vos désirs immédiats à court terme (choses que vous prévoyez d'acheter dans les mois à venir).

Essentiels Fixes : Contribution à la facture de téléphone, abonnements de transport, essence pour votre voiture, abonnement à la salle de sport.

Argent Tampon : Argent pour couvrir des dépenses nécessaires imprévues.

Objectifs à Court Terme : Économiser pour cette PS5, ce nouveau snowboard ou ces billets de concert. Ce pool vous évite d'épuiser votre argent de loisir ou, pire, de puiser dans vos investissements.

Pourquoi 50 % ? Parce qu'avoir un pool sain d'argent accessible vous empêche de vous sentir restreint. Vous pouvez toujours acheter ce que vous voulez, mais vous budgétisez pour cela délibérément.

B. 30 % Amusement, Liberté, et Dépenses Sans Culpabilité (La Zone de Joie)

C'est la catégorie la plus importante pour la santé psychologique. Ces 30 % représentent votre allocation pour les achats impulsifs, le divertissement, la restauration rapide et les sorties spontanées.

La beauté de la règle 50/30/20 est qu'une fois que vous avez mis de côté vos besoins essentiels et votre fonds d'avenir (voir le point suivant), vous pouvez dépenser ces 30 % comme bon vous semble, totalement sans culpabilité.

Cela élimine la charge mentale de remettre constamment en question chaque petit achat. Si vous budgétisez 100 $ pour le plaisir cette semaine et que vous les dépensez tous en pizza et en film, c'est bien ! Vous avez déjà payé votre futur vous-même, ce qui nous amène à la partie la plus cruciale...

C. 20 % Le Mandat de Vous Payer en Premier (Le Moteur d'Investissement)

C'est le minimum non négociable. Chaque dollar que vous gagnez, les 20 premiers cents doivent aller dans votre fonds d'avenir.

Ces 20 % doivent être répartis entre deux catégories :

1. Catégorie d'Investissement : La majeure partie de ces 20 % va directement dans votre compte de courtage, prête à être déployée dans des actions et des fonds (comme nous le détaillerons dans les chapitres 6 et 7). C'est votre moteur de richesse.

2. Économies d'Urgence : Une plus petite portion (peut-être 5 % de votre revenu total) devrait constituer un petit fonds d'urgence liquide—de l'argent auquel vous pouvez accéder immédiatement si votre ordinateur portable meurt ou si votre voiture tombe en panne. Cela protège votre compte d'investissement d'être liquidé lorsque des crises mineures surviennent.

Le Changement Stratégique : De Consommateur à Commandant

Le Hack de Budget de 5 Minutes™ transforme vos dépenses de réactives en proactives. Lorsque vous gagnez 100 $, au lieu de le laisser traîner aléatoirement sur votre compte bancaire jusqu'à ce qu'il disparaisse, vous assignez immédiatement :

50 $ à des besoins/objectifs immédiats.

30 $ à des dépenses sans culpabilité.

20 $ directement dans le compte d'investissement.

En configurant cela immédiatement, vous éliminez la tentation de dépenser votre argent d'investissement. Vous exploitez une vérité psychologique fondamentale : Vous ne pouvez pas dépenser de l'argent que vous ne voyez jamais.

Ce système ne vous fait pas sentir pauvre ; il vous fait sentir puissant. Vous ne réagissez plus à votre solde bancaire ; vous commandez stratégiquement vos ressources, en veillant à ce que votre moi présent profite de la vie tout en faisant en sorte que votre moi futur devienne riche.

AVERTISSEMENT : Le 'Virus des Intérêts' Qui Tue Instantanément l'Intérêts Composés (Et Comment Immuniser Vos Finances)

Imaginez que l'intérêt composé est votre super-héros financier, un puissant moteur qui fait accélérer votre argent au fil du temps. Maintenant, imaginez un organisme microscopique qui entre dans votre système et commence à inverser immédiatement ce moteur, mettant un frein à vos progrès et exigeant un paiement juste pour arrêter l'hémorragie.

C'est la dette à taux d'intérêt élevé, ou ce que nous appelons le "Virus des Intérêts".

Le mécanisme central de la création de richesse pour un jeune investisseur est l'intérêt composé. Nous savons que ce moteur fonctionne généralement à un rythme fiable, générant peut-être des rendements annuels de 7 % à 10 %. Le Virus des Intérêts est létal car ses symptômes—les taux d'intérêt appliqués sur la dette de consommation—se situent souvent entre 15 % et 30 %.

Mathématiquement, si vous payez 20 % d'intérêt sur une dette, vous devez gagner plus de 20 % sur vos investissements juste pour équilibrer les comptes. Ce n'est pas de l'investissement ; c'est du contrôle des dommages financiers, et cela tue instantanément la puissance des intérêts composés. Si vous investissez 100 $ et gagnez 7 $ en un an, mais que vous payez simultanément 20 $ d'intérêt sur un prêt, vous ne composez pas. Vous perdez de l'argent. Vous êtes dans un état de composition négative.

Le seul immunisation non négociable requise avant même de considérer l'achat de votre première action est simple : devenez libre de dettes, en particulier de dettes de consommation à intérêt élevé.

La clé pour prévenir cette infection est de comprendre la différence entre la bonne et la mauvaise dette.

La Bonne Dette (Le Renfort d'Immunité)

La bonne dette est celle qui est utilisée pour acquérir un actif qui génère des revenus ou augmente en valeur au fil du temps. C'est essentiellement un investissement dans la richesse future.

Exemples (souvent pertinents plus tard dans la vie) :

1. Hypothèques : Emprunter de l'argent pour acheter des biens immobiliers qui s'apprécient généralement en valeur et peuvent générer des revenus locatifs.

2. Prêts Étudiants : Emprunter de l'argent (à des taux raisonnables) pour obtenir un diplôme ou une formation professionnelle qui augmente considérablement votre potentiel de gain à vie.

3. Prêts aux Entreprises : Emprunter du capital pour lancer ou développer une entreprise légitime qui générera des bénéfices.

La bonne dette est généralement caractérisée par un faible taux d'intérêt et le fait que l'article acheté est un actif augmentant de valeur.

La Mauvaise Dette (Le Virus)

La mauvaise dette est de l'argent emprunté pour acheter des consommables—des choses qui perdent rapidement de la valeur (se déprécient) ou qui sont utilisées. Cette dette est mortelle car elle est souvent assortie de taux d'intérêt exorbitants et vous laisse sans rien de valeur une fois l'article disparu.

Pour les adolescents, la source principale de dette mauvaise n'est peut-être pas encore une carte de crédit traditionnelle, mais le principe est le même et prend de nombreuses formes :

1. Financement de Magasin à Taux Élevé : Financer un nouvel ordinateur portable de jeu à 1 200 $ sur 12 mois, pour découvrir que les intérêts et les frais font grimper le prix final à 1 500 $. L'ordinateur est déjà obsolète au moment où vous le remboursez.

2. Services d'Achat Maintenant-Payez Plus Tard (BNPL) : Ces services populaires, souvent annoncés comme sans intérêt, peuvent facturer d'énormes frais de retard ou des intérêts croissants si les calendriers de paiement sont manqués. Vous avez acheté cette belle veste, et maintenant elle coûte 40 % de plus parce que vous avez raté une date limite.

3. Prêts Personnels/Emprunt à Taux Élevé : Même emprunter 50 $ à un ami ou un membre de la famille qui impose des frais d'intérêt informels importants parce qu'il sait que vous êtes désespéré. Ne sous-estimez jamais la rapidité avec laquelle de petites obligations à taux d'intérêt élevé peuvent dérailler vos plans.

La règle est simple : Si vous empruntez de l'argent pour acheter quelque chose que vous consommerez ou qui perdra rapidement de la valeur, vous contractez le Virus des Intérêts.

Le Plan d'Immunisation : Zéro Dette, Maximum de Composition

Votre parcours d'investissement commence avec un tableau vierge. Vous ne pouvez pas gagner le jeu de la richesse tout en payant à la banque ou à un prêteur plus d'intérêts que ce que vos investissements génèrent.

La règle "Vous Payer en Premier" dont nous discuterons dans la prochaine section est conditionnelle : La toute première personne que vous devez payer est celle qui détient votre dette.

Par conséquent, suivez cette hiérarchie d'élimination de la dette :

Étape 1 : Le Désinfectant d'Urgence

Arrêtez immédiatement tous les achats non essentiels. Calculez exactement combien vous devez et à qui. Si le taux d'intérêt est supérieur à 10 % (le rendement moyen du marché boursier), cette dette est votre ennemi financier numéro un immédiat.

Étape 2 : La Stratégie de Boule de Neige ou d'Avalanche (Le Remède)

Il existe deux méthodes populaires pour éliminer la dette. La méthode "Boule de Neige" consiste à rembourser d'abord la plus petite dette afin de gagner une dynamique émotionnelle. La méthode "Avalanche" consiste à attaquer d'abord la dette avec le taux d'intérêt le plus élevé, ce qui permet d'économiser le plus d'argent mathématiquement. En tant qu'investisseur sérieux, vous devriez choisir la méthode Avalanche pour neutraliser immédiatement la partie la plus puissante du Virus. Redirigez tous les revenus disponibles vers cette dette à taux d'intérêt le plus élevé.

Étape 3 : Le Règlement d'Investissement

Jusqu'à ce que toute la dette de consommation à taux d'intérêt élevé soit anéantie, votre compte d'investissement reste principalement vide. Chaque dollar supplémentaire que vous avez doit aller au paiement de cette dette. Une fois que vous êtes entièrement immunisé—ce qui signifie que votre bilan personnel est propre—alors, et seulement alors, votre moteur de composition peut fonctionner librement et puissamment.

Souvenez-vous : La composition est magique quand elle fonctionne pour vous. Elle est dévastatrice quand elle travaille contre vous, alimentée par le Virus des Intérêts. Évitez la mauvaise dette, et votre parcours vers la richesse devient immeasurablement plus facile.

LE MANDAT 'VOUS PAYER EN PREMIER' : LA SEULE RÈGLE QUI VOUS FORCE À DEVENIR RICHE

Vous avez fait le travail difficile de suivre votre flux de trésorerie et d'identifier d'où vient votre argent et où il disparaît actuellement. Maintenant, nous devons installer la mise à niveau du système d'exploitation qui transforme une habitude sporadique en une machine de richesse automatique. C'est l'habitude la plus importante que vous développerez jamais, et elle s'appelle le mandat "Vous Payer en Premier".

Pour comprendre pourquoi cela est obligatoire, nous devons d'abord définir deux rôles distincts pour votre argent. Pensez à vos finances comme à deux seaux complètement différents, chacun remplissant un but vital.

Le Réserve de Sécurité : Votre Seau d'Épargne

Ce seau est destiné aux choses ennuyeuses, aux besoins immédiats et au casque de sécurité financier. Cet argent doit être entièrement sûr et facilement accessible.

Rôle : Fonds d'urgence, objectifs à court terme (tout ce dont vous avez besoin dans les 1 à 3 ans).

Objectifs : Acheter cette console de jeux haut de gamme l'année prochaine, économiser pour une voiture, financer les frais de candidature à l'université, ou avoir de l'argent prêt pour des dépenses inattendues (comme remplacer un ordinateur portable cassé).

Emplacement : Comptes d'épargne à rendement élevé ou fonds de marché monétaire. Sûr, liquide et ennuyeux—exactement ce que vous voulez.

Objectif : Vous empêcher de devoir vendre vos investissements à perte lorsque la vie vous réserve des surprises.

Le Moteur de Croissance : Votre Seau d'Investissement

C'est là que la magie opère. Ce seau est destiné à la liberté financière, à la création de richesse à long terme, et à laisser l'intérêt composé faire son travail pendant des décennies.

Rôle : Génération de richesse à long terme (tout ce dont vous n'aurez pas besoin pendant plus de 5 ans).

Objectifs : Financer la retraite, apport pour une maison dans la vingtaine, ou atteindre l'indépendance financière.

Emplacement : Votre compte de courtage ou de garde (Chapitre 3).

Objectif : Générer des rendements qui dépassent l'inflation et transformer votre argent de poche en une fortune.

Le péché capital que la plupart des gens commettent est de confondre ces deux seaux. Ils mettent leur argent de loyer dans le marché boursier (trop risqué !) ou laissent leur richesse à long terme dans un compte d'épargne (trop faible croissance !). Gardez-les séparés, gardez leurs objectifs distincts.

Le Mandat : Payer Votre Futur Vous

La règle « Payez-vous en premier » est simple mais révolutionnaire. Elle dicte que les toutes premières personnes à qui vous payez lorsque vous recevez un revenu, c'est vous et votre futur vous.

La plupart des gens suivent le schéma de consommation standard :

1. Recevoir un salaire (argent de poche, chèque de paie).
2. Payer les factures/dépenses (téléphone, essence, nourriture, streaming).
3. Acheter des choses (de nouvelles chaussures, des jeux, des collations).
4. S'il reste quelque chose, peut-être économiser ou investir.

Comme vous l'avez appris au Chapitre 2, attendre l'étape quatre garantit que l'argent n'est jamais là. Chaque dollar que vous voyez est un dollar qui vous tente de le dépenser.

Le système « Payez-vous en premier » inverse ce scénario :

1. Recevoir un salaire (argent de poche, chèque de paie).
2. Payer votre futur vous (Transfert d'investissement/épargne—c'est votre « facture » obligatoire).
3. Payer les factures/dépenses.
4. Acheter des choses avec les fonds restants.

En traitant vos économies et investissements comme des dépenses non négociables—

tout comme votre facture de téléphone ou votre argent pour l'essence—vous vous obligez à un schéma de création de richesse. Le montant que vous allouez à la consommation est réduit, mais le bénéfice financier pour votre futur vous est maximisé.

Comment se forcer à devenir riche

Cette règle ne fonctionne que si elle est obligatoire, ce qui signifie qu'elle doit être automatisée. Vous devez éliminer totalement le processus de prise de décision.

Disons que vous gagnez actuellement 400 $ par mois d'un emploi à temps partiel ou d'un argent de poche.

Le système Payez-vous en premier ressemble à ceci :

Étape 1 : Déterminer votre pourcentage d'investissement. Un bon point de départ pour les adolescents avec peu de dépenses est de consacrer 20 % à 30 % de leurs revenus gagnés à ces deux seaux. Visons 25 %.

Étape 2 : Allouer entre les seaux. Vous avez besoin d'économies liquides, mais puisque vous êtes jeune et que vos objectifs sont à long terme, le Moteur de Croissance devrait recevoir la majeure partie.

Épargne (Cagnotte de sécurité) : 5 % des revenus (20 $)

Investissement (Moteur de croissance) : 20 % des revenus (80 $)

Étape 3 : Automatiser le transfert. Dès que ces 400 $ arrivent sur votre compte bancaire, vous devez avoir des transferts automatiques configurés :

20 $ sont automatiquement transférés vers votre compte d'épargne à rendement élevé.

80 $ sont automatiquement transférés directement sur votre compte de courtage de garde.

Les 300 $ restants sont ce que vous utilisez pour tout le reste (dépenses, loisirs, factures). Vous ne voyez littéralement jamais l'argent dédié à l'investissement. Il passe directement de la source au seau d'investissement, où il est instantanément mis à profit grâce à l'intérêt composé.

Cette règle simple et automatisée résout 90 % des problèmes que les gens rencontrent avec la gestion de l'argent. Elle garantit la cohérence, élimine la procrastination et garantit que même si vous dépensez le reste de votre argent pour des achats impulsifs, vous construisez toujours la fondation d'une future fortune. Si vous vous en tenez à ce mandat, les mathématiques de l'intérêt composé garantiront votre succès. Vous serez riche parce que vous en avez fait la première priorité non négociable.

Chapitre 3 : La Clé du Coffre : Mettre en Place Votre Compte d'Investissement Sécurisé et Légal (Contourner le Cauchemar de la Paperasse des Adultes)

Introduction de ce livre portait sur le déblocage de votre superpouvoir financier. Le Chapitre 1 était consacré aux mathématiques, et le Chapitre 2 à la recherche de liquidités. Maintenant, nous avons atteint le gardien. Pour vraiment investir votre argent sur le marché boursier, vous avez besoin d'un endroit sûr et légal pour conserver ces actifs. Vous avez besoin d'un compte de courtage.

Pensez à un courtage comme à une banque spécialisée pour les actions et les fonds. Les banques classiques gèrent les dépôts et les prêts ; les courtiers s'occupent de l'achat et de la vente d'actifs financiers. Comme vous avez moins de 18 ans, vous ne pouvez pas simplement vous présenter et ouvrir un compte par vous-même—le gouvernement insiste toujours sur la surveillance parentale pour les décisions financières majeures.

Ce chapitre est votre Clé du Coffre. Nous allons démystifier l'implication requise des adultes et fournir les noms et plateformes spécifiques qui rendent ce processus aussi indolore que possible. La mise en place du compte est souvent le plus grand obstacle auquel les jeunes investisseurs sont confrontés. Une fois cela fait, le chemin vers la richesse s'ouvre grand.

DÉCOUVERT : Les 3 Meilleures Plates-formes de Courtage Amicales pour les Adolescents Sans Frais

À l'époque sombre de l'investissement (il y a 10 ans), les courtiers facturaient des frais juste pour effectuer une transaction. Si vous n'aviez que 50 $ à investir, payer une commission de 7 $ représentait une perte douloureuse de 14 % avant même de commencer.

Aujourd'hui, grâce à l'explosion des plateformes en ligne, la plupart des courtiers majeurs offrent des transactions sans commission sur les actions et les FNB (Fonds Négociés en Bourse). C'est une excellente nouvelle pour les investisseurs adolescents qui commencent avec de petits montants.

Cependant, tous les courtiers ne se valent pas en ce qui concerne les comptes de garde—le type dont vous avez besoin. Nous recherchons des plateformes qui sont sécurisées, faciles à utiliser, avec des dépôts minimums faibles ou nuls, et qui proposent des outils éducatifs pour vous aider à apprendre au fur et à mesure.

Voici les choix de référence pour établir un coffre d'investissement sécurisé :

1. Fidelity Investments

Pourquoi c'est super pour les adolescents : Fidelity est l'une des plus grandes et des plus respectées institutions financières au monde. Ils offrent d'excellents comptes de courtage sans commission (souvent appelés Comptes Jeunes) qui sont structurés comme un compte UGMA/UTMA standard (nous expliquerons cet acronyme sous peu). Crucialement,

Fidelity dispose d'un contenu éducatif solide et, plus récemment, a lancé des produits spécifiques conçus pour les adolescents qui permettent un haut degré de gestion indépendante sous l'œil vigilant du gardien. Ils sont professionnels, sécurisés et proposent une incroyable gamme de choix d'investissement.

2. Charles Schwab

Pourquoi c'est super pour les adolescents : Comme Fidelity, Schwab est un titan dans l'industrie, offrant une gamme complète de comptes de garde. Ils excellent dans le service client et fournissent des outils de recherche exceptionnels—une fonctionnalité que vous utiliserez plus tard lorsque vous commencerez à rechercher des actions individuelles. Schwab est connu pour son approche favorable aux investisseurs, ce qui en fait un choix sûr et fiable pour les débutants. Leur plateforme est claire et intuitive, réduisant la confusion qui accompagne souvent les interfaces financières complexes.

3. Vanguard

Pourquoi c'est super pour les adolescents : Vanguard est le champion des frais bas, fondé sur le principe de minimiser les frais pour les investisseurs. Bien que leur interface utilisateur puisse sembler légèrement moins flashy que certaines nouvelles applications, leur engagement envers les fonds indexés à bas coût est sans égal. Si votre stratégie est principalement axée sur la « Stratégie du Génie Paresseux » (investir dans des fonds de marché larges, comme nous en discutons au Chapitre 4), Vanguard est la plateforme ultime pour maximiser vos rendements en gardant les coûts proche de zéro. Ils sont fiables, stables et axés sur l'accumulation de richesse à long terme.

Une note sur les applications et les plateformes spécialisées :

Vous pouvez voir de nouvelles applications d'investissement annoncées (comme Robinhood ou Public). Bien que celles-ci aient souvent des interfaces flashy, beaucoup ne soutiennent pas facilement la structure de compte de conservation requise pour les mineurs, ou leurs ressources éducatives sont limitées. Pour votre premier compte d'investissement officiel, privilégiez les courtiers établis qui sont experts en conformité légale et en sécurité à long terme. Ces plateformes sont conçues pour des décennies de croissance, pas seulement pour le trading de jour tendance.

La décision finale devrait se résumer à la plateforme avec laquelle votre parent ou tuteur (le futur conservateur) se sent le plus à l'aise, ou celle qui offre l'expérience utilisateur la plus simple. Comme toutes les trois mentionnées ci-dessus sont gratuites à ouvrir et à utiliser, il n'y a pas de différence monétaire majeure — seulement de légères différences d'interface et d'outils de recherche.

Le Compte d'Investissement 'Parent Trap' : Comment Obtenir Votre Premier $1,000 Investi Légalement (Le Guide UGMA/UTMA)

Bien, parlons des légalité. En tant que mineur, vous ne pouvez pas conclure un contrat dans le but de négocier des actions. Par conséquent, tout montant que vous investissez doit être détenu dans un compte de conservation. C'est le moyen du gouvernement de s'assurer qu'un adulte prend la responsabilité légale du compte jusqu'à ce que vous atteigniez l'âge de la majorité (généralement 18 ou 21 ans, selon votre état).

Ces comptes sont le plus souvent connus sous le nom de comptes UGMA (Uniform Gifts to Minors Act) ou UTMA (Uniform Transfers to Minors Act). La différence entre eux est mineure, mais essentiellement, l'UTMA est légèrement plus flexible en termes d'actifs qu'il peut détenir (incluant parfois des biens immobiliers ou d'autres propriétés, bien que pour l'investissement en actions, ils fonctionnent de manière identique).

Voici le point essentiel à retenir sur le Compte de Conservation :

L'argent dans le compte vous appartient légalement au moment où il est déposé.

C'est le point clé qui sépare un compte de conservation du compte bancaire joint d'un parent. Lorsque vos parents ouvrent un UGMA/UTMA en votre nom, ils font légalement un don irrévocable. Ils ne peuvent pas décider plus tard de reprendre l'argent pour leur propre usage, ou pour le fonds de scolarité de votre jeune frère ou sœur. Le compte est intitulé : "[Nom du Conservateur], Conservateur FBO (Pour le Bénéfice de) [Votre Nom]."

Rôles et Responsabilités Démystifiés

1. Le Mineur (Vous) — Le Propriétaire Bénéficiaire

Votre rôle est de décider dans quoi investir. Vous êtes le futur bénéficiaire de la richesse. Vous êtes le stratège, le chercheur, et le bénéficiaire ultime. Pendant que le conservateur signe les documents, vous devez faire le gros du travail en matière d'éducation à l'investissement et de sélection d'actions (en utilisant les conseils de ce livre).

2. Le Conservateur (L'Adulte) — Le Gestionnaire de Compte

Le conservateur (généralement un parent ou un tuteur légal) a deux responsabilités principales :

A. La Paperasse : Ils signent les documents juridiques pour ouvrir le compte et sont responsables de la gestion de toutes les tâches administratives, comme la confirmation des transactions ou la gestion des formulaires fiscaux (bien que la responsabilité fiscale repose souvent sur vous, le mineur, une fois que les seuils de revenus sont atteints — plus sur cela dans le Chapitre 8).

B. Devoir Fiduciaire : Ils doivent gérer les actifs uniquement dans le meilleur intérêt du mineur (vous). Cela signifie qu'ils ne peuvent pas effectuer de transactions imprudentes et à haut risque qui ne conviennent pas à un jeune planificateur à long terme. Ils détiennent le contrôle légal jusqu'à ce que vous "atteigniez l'âge" du compte.

LA CLAUSE D'ÂGE : LA LIGNE D'ARRIVÉE

AU MOMENT OÙ VOUS ATTEIGNEZ L'ÂGE DE LA MAJORITÉ (GÉNÉRALEMENT 18 ANS, mais parfois 21 ou 25 ans selon l'état et les conditions spécifiques du compte), le contrôle du conservateur disparaît. Le compte est automatiquement transféré directement à votre nom, et vous assumez un contrôle légal complet et indépendant sur chaque actif. Ce transfert est l'une des étapes financières les plus passionnantes pour un jeune investisseur.

Dépasser la paperasse est simplement une question de s'asseoir avec votre conservateur choisi et l'application en ligne du courtier. Cela nécessite leurs détails personnels (adresse, numéro de sécurité sociale, pièce d'identité avec photo) et vos détails (numéro de sécurité sociale). Cela peut sembler une tâche d'adulte, mais c'est une étape nécessaire à faire une fois qui déverrouille des décennies de croissance exponentielle.

La Liste de Contrôle Anti-Arnaque : 7 Étapes de Sécurité Critiques Pour Protéger Votre Portefeuille Contre des Voleurs Numériques

Vous êtes un natif numérique, ce qui signifie que vous êtes probablement déjà hyper conscient de la sécurité numérique. Mais quand de l'argent est impliqué, les enjeux sont plus élevés. Les cybercriminels et les arnaqueurs adorent les investisseurs, surtout les nouveaux, car ils utilisent souvent l'émotion et le FOMO (Fear of Missing Out) pour tromper les gens en leur faisant abandonner leurs fonds.

Protéger votre portefeuille d'investissement est non-négociable. Voici votre liste de contrôle de sécurité essentielle en sept points :

1. Authentification à Deux Facteurs (2FA) Obligatoire

C'est la mesure de sécurité la plus importante. La 2FA signifie que même si un voleur vole votre mot de passe, il ne peut toujours pas accéder à votre compte sans un second code envoyé à votre téléphone physique ou une application de sécurité dédiée. Mettez cela en place immédiatement après l'ouverture de votre compte de courtage. N'utilisez jamais de messages texte SMS pour la 2FA ; utilisez une application d'authentification (comme Google Authenticator ou Authy) si le courtier le permet.

2. Mots de Passe Uniques et Complexes

Ne réutilisez pas votre mot de passe Instagram ou de jeu pour votre compte d'investissement. Votre mot de passe de courtier doit être long, complexe et unique. Utilisez un gestionnaire de mots de passe (comme 1Password ou LastPass) pour le générer et le stocker en toute sécurité.

3. Reconnaître les Arnaques de Phishing

Le phishing est lorsque quelqu'un prétend être une source réputée (comme votre courtier) pour voler vos informations. Supposons toujours qu'un email ou un message texte demandant des détails de compte est faux. Les courtiers ne vous enverront jamais d'email pour demander votre mot de passe ou votre numéro de compte. Si vous recevez un message suspect, ne cliquez pas sur le lien — naviguez plutôt directement vers le site officiel de votre courtier en tapant l'adresse vous-même.

4. La Règle du 'Trop Beau Pour Être Vrai'

Si quelqu'un sur un forum, serveur discord, ou via un DM vous parle d'une "action secrète" ou d'une "pièce crypto avec un retour garanti de 1,000 %", il essaie de vous arnaquer. Le véritable investissement est lent et ennuyeux, pas excitant et à enjeux élevés. Les arnaques promettent souvent des rendements immédiats et massifs. Ignorez-les.

5. Sécurisez Vos Appareils

Assurez-vous que l'ordinateur ou le téléphone que vous utilisez pour accéder à vos comptes financiers fonctionne avec les dernières mises à jour du système d'exploitation et dispose d'une protection adéquate contre les virus et les logiciels malveillants. Les mises à jour incluent souvent des correctifs de sécurité critiques.

6. Réseau Privé Uniquement

Ne vous connectez jamais à votre compte de courtage lorsque vous êtes connecté à un Wi-Fi public (comme dans un café ou une bibliothèque scolaire). Ces réseaux sont souvent non sécurisés et sont des foyers d'écoute numérique. Gérez votre argent uniquement sur un réseau sécurisé, privé et protégé par un mot de passe.

7. Surveillez l'Activité du Compte

Prenez l'habitude de vérifier rapidement votre relevé de courtage chaque mois. Recherchez les transactions ou les retraits que vous ou votre conservateur n'avez pas autorisés. La détection précoce est la clé pour atténuer toute activité non autorisée.

La Configuration de Compte en 14 Minutes : Votre Liste de Contrôle Sans Friction pour Financer Votre Tout Premier Trade

Vous avez choisi votre courtier (Fidelity, Schwab, ou Vanguard), et vous avez votre conservateur prêt à partir. Maintenant, nous exécutons. L'ensemble du processus, du début à la fin, devrait prendre moins de temps que de regarder un épisode de votre émission préférée.

Voici la liste de contrôle étape par étape pour passer d'un compte zéro à un compte financé :

Étape 1 : Rassembler la Documentation (5 Minutes)

Avant de vous asseoir devant l'ordinateur, ayez ces informations prêtes.

Pour le Mineur (Vous) :

Nom Complet, Adresse et Date de Naissance

Numéro de Sécurité Sociale (NSS)

Pour le Conservateur (Adulte) :

Nom Complet, Adresse et Date de Naissance

Numéro de Sécurité Sociale (NSS)

Détails de Permis de Conduire ou d'ID Gouvernemental

Étape 2 : Choisir le Type de Compte (1 Minute)

Lorsque vous accédez à la section 'Ouvrir un Compte' du courtier, sélectionnez l'option pour un Compte de Conservation, généralement listée sous "Comptes pour Mineurs" ou "UGMA/UTMA." Ne sélectionnez pas un compte individuel standard (vous êtes trop jeune) ou un compte de retraite (pas encore).

Étape 3 : Compléter la Demande (5 Minutes)

Remplissez les détails demandés pour le mineur et le tuteur. Les formulaires en ligne sont simples et se concentrent principalement sur la vérification de l'identité. Vous devrez indiquer votre relation avec le mineur (par exemple, Parent, Tuteur). La plupart des sociétés de courtage vérifient le tuteur immédiatement via des vérifications électroniques.

Étape 4 : Liez Votre Source de Financement (2 Minutes)

C'est ici que l'argent passe de votre compte courant ou d'épargne dans le coffre-fort du courtier. Vous aurez besoin du numéro de routage et du numéro de compte de votre compte bancaire. Suivez les instructions à l'écran pour lier les comptes en toute sécurité. Le courtier enverra souvent deux petits "dépôts de test" (0,03 $, 0,15 $) sur votre compte bancaire, que vous devrez vérifier un jour ou deux plus tard pour confirmer la propriété.

Étape 5 : Alimentez le Compte (1 Minute)

Décidez de votre dépôt initial. Souvenez-vous du Chapitre 2 : cela devrait être de l'argent que vous avez spécifiquement alloué pour un investissement à long terme. Initiez le transfert. Les transferts ACH standard peuvent prendre de 1 à 3 jours ouvrables pour s'effectuer, mais une fois le transfert initié, la plupart des courtiers vous permettront de réaliser votre première transaction immédiatement en utilisant les fonds non réglés.

Félicitations. Vous avez maintenant un véhicule d'investissement sécurisé et légal. Le plus dur en matière d'administration est maintenant derrière vous. Le compte est ouvert, l'argent est en route, et vous êtes prêt à apprendre quoi acheter dans le prochain chapitre.

DECOUVERT : LES 3 MEILLEURES PLATES-FORMES DE COURTAGE AMICALES POUR LES ADOLESCENTS SANS FRAIS

La bonne nouvelle est que l'investissement n'a jamais été aussi peu coûteux. L'ère de payer des frais de commission de 10 $ ou 20 $ pour chaque transaction est heureusement terminée. Pour les actions, les ETF (fonds négociés en bourse) et les fonds communs de placement, les courtiers de premier plan sont essentiellement gratuits.

Par conséquent, le choix de la plate-forme ne devrait pas se baser sur le coût, mais sur les fonctionnalités, la facilité d'utilisation, et, surtout, sur la façon dont ils gèrent les comptes de tutelle (UTMA/UGMA), qui sont la porte d'entrée légale nécessaire pour investir avant d'avoir 18 ans.

Voici un aperçu des trois leaders du marché qui sont les mieux adaptés pour le jeune investisseur.

Fidelity : La Norme d'Or Moderne

Fidelity est souvent le premier choix des jeunes investisseurs avisés, principalement en raison de son engagement à des coûts bas et de la meilleure combinaison de ressources éducatives et d'accessibilité.

Fonctionnalités Clés pour les Ados :

Commissions Nulles. Fidelity propose des commissions de 0 $ sur les actions, les ETF et les transactions d'options.

Actions Fractionnaires. C'est un changement de jeu. Fidelity vous permet d'acheter des actions "au morceau" (actions fractionnaires). Si l'action d'Apple est à 170 $, mais que vous n'avez que 25 $ à investir, vous pouvez acheter pour 25 $ d'Apple. C'est essentiel pour maximiser les petites contributions fréquentes.

Compte Jeunesse Fidelity. Pour les adolescents de 13 à 17 ans, Fidelity propose un compte spécialisé que l'adolescent gère, lié à un compte de tutelle, offrant une expérience pratique incroyable.

Contenu Éducatif. Le centre d'apprentissage de Fidelity est vaste et de haute qualité, couvrant tout, des définitions de base aux recherches avancées.

Idéal pour : Les adolescents qui veulent une excellente expérience d'application mobile, la possibilité de négocier des actions fractionnaires, et une multitude d'outils éducatifs pour les guider dans le processus d'apprentissage.

Charles Schwab : Le Pouvoir de la Recherche

Schwab est l'une des institutions financières les plus établies au monde et offre une plate-forme extrêmement stable et haute technologie qui rivalise avec Fidelity. Bien qu'ils n'aient pas la marque "ado" dédiée, leurs principales fonctionnalités de compte de tutelle sont inégalées.

Fonctionnalités Clés pour les Ados :

Commissions Nulles. Commissions de transactions constantes à 0 $ pour les actions et les ETF.

Outils de Recherche Excellents. Schwab est célèbre pour ses analyses de marché approfondies et ses rapports de recherche. En passant au-delà des simples fonds indiciels, Schwab propose des outils puissants (comme StreetSmart Edge) pour examiner des entreprises spécifiques.

Sélection d'Investissements Étroite. Schwab propose une vaste gamme d'investissements, y compris des milliers d'ETF et de fonds communs de placement à faible coût Schwab.

Service Client Renforcé. Ils ont une réputation de support de premier ordre, ce qui est utile lorsque votre tuteur (parent/tuteur) a des questions sur le processus de configuration.

Idéal pour : Les adolescents qui veulent devenir des chercheurs et analystes sérieux, ou ceux dont la famille utilise déjà Schwab pour d'autres comptes, simplifiant ainsi la configuration de la tutelle.

Vanguard : Le Choix du Bâtisseur de Richesse Passif

Vanguard est unique car l'entreprise appartient à ses fonds, ce qui signifie que leur mission principale est de maintenir les coûts bas pour les investisseurs. Bien que leur expérience d'application soit parfois moins flashy que Schwab ou Fidelity, leur concentration sur les fonds indiciels à faible coût s'aligne parfaitement avec la stratégie recommandée pour 80 % de votre portefeuille (comme discuté dans le Chapitre 6).

Fonctionnalités Clés pour les Ados :

Les Ratios de Frais les Plus Bas. Vanguard est célèbre pour avoir certains des ratios de frais les plus bas (les frais que les fonds facturent pour fonctionner) de l'ensemble de l'industrie. Lorsque vous investissez pour plus de 50 ans, même de minuscules différences de frais s'accumulent en économies massives.

Focalisation sur les Fonds Indicielles. Vanguard a inventé le fonds indiciel. Leur plateforme rend incroyablement facile de trouver et d'investir dans les fonds indiciels exacts (comme VTSAX ou VTI) qui forment le noyau d'une stratégie à long terme réussie.

Transactions Sans Commission. Ils offrent des transactions sans commission sur les actions et les ETF de Vanguard.

Idéal pour : L'investisseur discipliné qui a l'intention de suivre le modèle du "définir et oublier", priorisant de faibles frais et un investissement passif par rapport à des transactions fréquentes ou à une recherche approfondie d'actions individuelles.

Aperçu Comparatif

Feature	Fidelity	Charles Schwab	Vanguard
Commissions (Stocks/ETFs)	$0	$0	$0
Custodial Account	Yes (UGMA/ UTMA & Youth Account)	Yes (UGMA/ UTMA)	Yes (UGMA/ UTMA)
Fractional Shares	Yes (Excellent)	Yes	Yes
Mobile App Rating	Excellent/Modern	Very Good/Professional	Good/Functional
Best For	All-around starter and active learning	All-around starter and active learning	Long-term, low-cost index investing

En résumé : Choisissez la plate-forme avec laquelle votre tuteur est le plus à l'aise, mais si vous avez le choix, Fidelity offre la meilleure expérience globale pour l'adolescent qui commence de zéro et souhaite la liberté des actions fractionnaires.

Le Compte d'Investissement 'Parent Trap' : Comment Investir Légalement Votre Premier 1 000 $ (Le Playbook UGMA/UTMA)

Pensez au compte UGMA ou UTMA comme à votre copilote nécessaire. Vous, l'investisseur, êtes légalement trop jeune pour être au siège du pilote (c'est-à-dire pour signer les contrats contraignants que les courtiers exigent). Donc, vous avez besoin d'un adulte de confiance pour être le conducteur désigné jusqu'à ce que vous atteigniez l'âge légal.

Ce système est régi soit par la Loi Uniforme sur les Dons aux Mineurs (UGMA), soit par la Loi Uniforme sur les Transferts aux Mineurs (UTMA). Vous n'avez pas besoin de mémoriser les noms ; sachez simplement qu'ils constituent le cadre légal qui permet aux personnes de moins de 18 ans (ou 21 ans dans certains États) de posséder des actifs d'investissement.

Pourquoi Vous Ne Pouvez Pas Juste Ouvrir un Compte Ordinaire

Le problème est simple : légalement, vous êtes mineur. Les entreprises financières, les maisons de courtage et les banques exigent que les clients soient majeurs (généralement 18 ans) pour conclure un contrat. Si vous achetez des actions, vous entrez dans un contrat. Comme vous ne pouvez pas légalement signer ce contrat, vous avez besoin d'un adulte pour le faire pour vous.

Le compte UGMA/UTMA résout ce problème en créant un conteneur légal. Il est configuré sous le numéro de sécurité sociale et le nom de l'adulte, désigné "comme tuteur pour [Votre Nom]." De manière cruciale, les actifs du compte sont irrévocablement détenus pour votre bénéfice. Cela nous amène à la distinction la plus importante dans cette configuration : le système à deux joueurs.

Joueur 1 : Le Tuteur (L'Adulte Gestionnaire)

Le Tuteur est l'adulte qui ouvre le compte (généralement un parent ou un tuteur). Ils sont le détenteur légal de la clé. Leurs responsabilités sont sérieuses et définies par la loi.

1. Le Gardien : Ils sont les seuls légalement autorisés à exécuter des transactions, lier des comptes bancaires et gérer les transferts.

2. Le Fiduciaire : C'est un terme légal sophistiqué signifiant qu'ils doivent agir uniquement dans votre meilleur intérêt financier. Ils ne peuvent pas utiliser l'argent du compte pour leur propre bénéfice, ni l'investir dans des actifs extrêmement spéculatifs que aucun adulte responsable ne choisirait (bien que "responsable" soit défini de manière lâche quand vous avez 16 ans et êtes axé sur la croissance !).

3. Le Czar de la Paperasse : Ils gèrent tous les formulaires fiscaux (comme le 1099, qui sera discuté plus tard) et les frais administratifs.

Le travail du Tuteur est la gestion et l'exécution. Ils sont les mains qui déplacent l'argent, mais ils ne sont pas le cerveau.

Joueur 2 : Le Propriétaire Bénéficiaire (Vous, L'Investisseur Adolescent)

C'est vous. Vous êtes le propriétaire unique et irrévocable de chaque actif dans ce compte, depuis la première part de fonds indiciels jusqu'au dernier 5 $ en espèces. La propriété est la partie la plus puissante de cette structure de compte.

1. Propriété irrévocable : Une fois que l'argent est placé dans un UGMA/UTMA, il vous appartient pour toujours. Même si vos parents divorcent, changent d'avis, ou décident qu'ils ont besoin de cet argent pour autre chose, ils ne peuvent pas le reprendre légalement. C'est votre propriété.

2. Contrôle stratégique : Bien que votre adulte doive passer l'ordre, dans le contexte de ce livre, vous êtes le stratège principal de l'investissement. Vous faites les recherches (chapitre 5), vous déterminez l'allocation (chapitre 6), et vous indiquez à votre dépositaire quel bouton cliquer.

3. Le transfert automatique : C'est le "jour de graduation" de votre carrière d'investissement. À une date précise (généralement votre 18e ou 21e anniversaire, selon votre état de résidence), le rôle du dépositaire disparaît. Les actifs sont totalement transférés dans un compte à votre nom et numéro de sécurité sociale. Vous devenez le seul gestionnaire, le seul propriétaire et le seul décideur.

L'AVANTAGE CLÉ : PROPRIÉTÉ IMMÉDIATE ET IRRÉVOCABLE

Pourquoi passer par cette tracas juridique ? Parce qu'à la différence d'un plan d'épargne-études 529 (qui a de nombreuses règles sur quand et comment l'argent peut être utilisé), l'argent de l'UGMA/UTMA peut être utilisé pour tout ce qui profite au mineur : une voiture, l'université, un acompte pour une maison, ou même ce PC de jeu ridiculement cher que vous avez repéré.

La chose la plus importante à comprendre est que le compte UGMA/UTMA vous donne la propriété maintenant. Il oblige le système juridique à reconnaître que l'argent que vous travaillez à gagner et à investir vous appartient légitimement, et il met en marche le moteur des intérêts composés des décennies avant que vos pairs n'ouvrent même leur pre mier relevé bancaire.

Dans le but d'exécuter le 7-Day Wealth Launchpad (chapitres 6 et 7), votre tâche principale est de sécuriser un dépositaire qui est prêt à recevoir des instructions de votre part concernant les choix d'investissement. Une fois que vous avez cet accord, vous avez la clé du coffre de votre avenir financier.

La liste de contrôle anti-arnaque : 7 étapes de sécurité critiques pour protéger votre portefeuille des voleurs numériques

Lorsque vous ouvrez un compte de courtage, vous ouvrez essentiellement un coffre numérique plein d'argent. À l'ère numérique, être financièrement avisé signifie être cybersécurisé. Étant donné que la plupart de vos investissements se feront en ligne, vous devez traiter vos identifiants de connexion à l'investissement avec le sérieux que vous donneriez à votre portefeuille ou à vos économies de toute une vie.

Les voleurs numériques ne recherchent pas les plus gros comptes ; ils recherchent ceux qui sont les plus faciles à pirater. En suivant cette liste de contrôle en sept étapes, vous augmenterez vos défenses de sécurité bien au-dessus de la moyenne, protégeant ainsi votre portefeuille contre les accès non autorisés et les arnaques.

1. Le mandat de mot de passe unique et inébranlable

Vos identifiants de jeu, mots de passe sur les réseaux sociaux et mot de passe d'investissement ne devraient jamais être les mêmes. Jamais. Si un hacker enfreint votre service de streaming préféré, il essaiera immédiatement ces identifiants sur les sites bancaires et de courtage. Votre compte d'investissement nécessite un mot de passe extrêmement fort et unique (minimum 16 caractères, combinant majuscules et minuscules, chiffres et symboles). Si vous ne pouvez pas tous les mémoriser, utilisez un gestionnaire de mots de passe réputé (comme 1Password ou LastPass) pour les générer et les stocker en toute sécurité.

2. L'authentification à deux facteurs (2FA) est obligatoire

L'authentification à deux facteurs (parfois appelée MFA ou authentification multi-facteurs) est la barrière la plus importante entre un hacker et votre argent. Le 2FA signifie que même si un voleur vole votre mot de passe, il a toujours besoin d'un deuxième code de vérification, généralement envoyé sur votre téléphone, pour se connecter.

Configurez le 2FA immédiatement. Allez un pas plus loin : si votre courtier le propose, utilisez une application d'authentification (comme Google Authenticator ou Authy) plutôt que de vous fier à des SMS pour les codes. Les messages textes peuvent parfois être interceptés par des techniques avancées, tandis que les codes basés sur des applications sont beaucoup plus sécurisés.

3. Maîtrisez l'art de la défense contre le phishing

Les arnaques de phishing sont des tentatives de vous tromper pour obtenir des informations personnelles (mots de passe, numéros de sécurité sociale) via un e-mail ou un texto. Une astuce courante consiste à envoyer un e-mail qui semble provenir de votre courtier, déclarant "activité suspecte détectée, cliquez ici pour vérifier votre compte."

Ne cliquez jamais sur un lien dans un e-mail concernant votre argent. Au lieu de cela, fermez l'e-mail et accédez directement au site officiel de votre courtier en tapant l'URL vous-même. Votre société de courtage ne vous demandera jamais de vérifier un mot de passe, un numéro de sécurité sociale ou un numéro de compte par e-mail. Regardez de près l'adresse e-mail de l'expéditeur : elle est souvent légèrement mal orthographiée (par exemple, "FidelitySupport@gmail.com").

4. Méfiez-vous de l'offre d'investissement "trop belle pour être vraie"

C'est peut-être la protection la plus critique contre les arnaques financières, pas seulement numériques. Si une offre d'investissement, une publicité ou un conseil promet des rendements massifs et garantis dans un délai très court — fuyez.

Investir réellement est lent, ennuyeux et composé. Cela se développe au fil des années et des décennies. Les arnaques, souvent appelées "pump and dumps" ou systèmes pyramidaux, dépendent de la hype, de la pression et de rendements élevés garantis (pensez à 50 % en un mois). Si un étranger en ligne (ou même une connaissance) vous dit qu'il connaît une action secrète qui va exploser, ou vous demande de leur envoyer de la crypto pour investir en votre nom, c'est une arnaque 100 % du temps.

5. Gardez vos appareils et logiciels à jour

Les cybercriminels exploitent les failles des anciens systèmes d'exploitation et des logiciels de navigateur obsolètes. Pensez aux mises à jour logicielles comme aux vaccins pour votre appareil. Si votre ordinateur, téléphone ou tablette fonctionne avec une ancienne version d'iOS, Android ou Windows, vous opérez avec des vulnérabilités de sécurité connues. Acceptez toujours et installez les mises à jour logicielles critiques rapidement, surtout sur les appareils que vous utilisez pour accéder à vos comptes financiers.

6. Sécurisez les points d'accès publics

Ne vous connectez jamais, en aucune circonstance, à votre compte d'investissement en utilisant un Wi-Fi public (comme dans un café, un aéroport ou une bibliothèque scolaire). Ces réseaux peuvent être facilement surveillés par d'autres. De même, n'accédez pas à votre compte de courtage sur des ordinateurs partagés. Si vous devez absolument accéder à votre compte sur un réseau public, utilisez un réseau privé virtuel (VPN) pour une protection chiffrée.

7. Ne publiez pas vos gains en ligne

L'envie de se vanter d'un gros gain ou d'un solde de portefeuille en hausse est forte, surtout sur des plateformes de médias sociaux comme TikTok, Discord ou Instagram. Résistez complètement à cette envie. Publier des captures d'écran de votre solde de portefeuille ou, pire, de vos relevés de compte, vous rend immédiatement cible. Cela dit aux voleurs numériques exactement combien d'argent vous avez et signale que vous êtes une personne dont il vaut la peine d'essayer de voler. Gardez votre succès financier privé.

La configuration de compte en 14 minutes : votre liste de contrôle sans friction pour financer votre tout premier trade

Vous avez fait vos recherches, choisi votre plateforme de courtage et convaincu votre dépositaire (l'adulte) que c'est une idée brillante. Maintenant, il est temps de passer de la théorie à l'exécution.

C'est les 14 minutes de paperasse les plus rapides que vous aurez jamais à faire. Nous allons contourner les frictions financières typiques et aller directement à la phase de financement. Vous devez compléter cette liste de contrôle avec votre dépositaire présent ou avec toutes ses informations et son autorisation disponibles.

PHASE I : COMMANDE DE PRÉ-LANCEMENT (O - 5 MINUTES)

Avant même de cliquer sur "Ouvrir un compte", vous devez avoir une pile de documents prête. Cette phase prend le plus de temps car personne ne veut faire une pause au milieu de la demande pour chercher une carte de sécurité sociale.

Documents requis (investisseur mineur - Vous) :

1. Numéro de sécurité sociale (SSN) : Requis à des fins de déclaration fiscale.

2. Date de naissance et adresse actuelle : Doit correspondre à toute identification existante.

Documents requis (dépositaire - L'adulte) :

1. Numéro de sécurité sociale (SSN) : Requis pour ouvrir le compte de dépôt.

2. Permis de conduire ou carte d'identité d'État : Nécessaire pour des vérifications d'identité.

3. Informations actuelles sur le compte bancaire : Le numéro de routage et le numéro de compte pour le compte bancaire que vous utiliserez pour financer le compte d'investissement (il s'agit généralement du compte du dépositaire ou d'un compte joint).

PHASE II : L'APPLICATION SPRINT (5 - 10 MINUTES)

La plupart des grandes courtiers (comme ceux que nous avons examinés dans la dernière section) ont rationalisé ce processus. Il devrait être entièrement numérique.

Étape 1 : Initier l'ouverture de compte

Naviguez vers la plateforme de courtage choisie (par exemple, Fidelity, Schwab, etc.) et cherchez un grand bouton qui dit "Ouvrir un compte" ou "Commencer."

Étape 2 : Choisir le bon type de compte

C'est l'étape la plus critique. NE choisissez PAS un compte de courtage imposable standard. Vous devez sélectionner :

Compte de dépôt

UGMA (Loi sur les dons de biens aux mineurs) ou UTMA (Loi sur les transferts de biens aux mineurs)

Remarque : Le courtier par défaut choisira le bon en fonction de votre état.

Étape 3 : Saisir les détails du dépositaire (l'adulte)

Étant donné que l'adulte est le fiduciaire légal, ses informations doivent être saisies en premier. Indiquez son nom complet, son adresse, son numéro de sécurité sociale, sa date de naissance et ses informations d'emploi (exigées par la loi). Le système vérifiera généralement son identité de manière instantanée.

Étape 4 : Saisir les détails de l'investisseur mineur (vous)

Maintenant, saisissez vos informations personnelles, y compris votre numéro de sécurité sociale et votre date de naissance. Le système établit le lien légal entre le dépositaire et le propriétaire bénéficiaire (vous).

Étape 5 : E-Signer et Soumettre

Examinez soigneusement la page de résumé. Le dépositaire devra lire et signer numériquement la demande. Une fois soumise, le courtier confirme généralement la création du compte en quelques minutes. Vous recevrez un numéro de compte.

PHASE III : LA LIGNE D'ARRIVÉE DU FINANCEMENT (10 - 14 MINUTES)

Le compte est ouvert ! Mais un compte vide n'achète pas d'actions. Il est temps d'envoyer des fonds.

Étape 6 : Connectez votre source de financement

Allez dans la section "Financement", "Transferts" ou "Dépôt" de votre nouveau tableau de bord de courtage. Vous avez deux options principales :

Vérification instantanée (recommandée) : Le courtier utilise un service tiers (comme Plaid) pour vérifier instantanément et en toute sécurité les identifiants de connexion de votre compte bancaire. C'est rapide et sécurisé.

Vérification manuelle : Vous saisissez manuellement le numéro de routage de la banque et votre numéro de compte. Le courtier enverra généralement deux petits dépôts (par exemple, 0,11 $ et 0,23 $) sur votre compte bancaire, et vous devrez revenir sur la plateforme de courtage 1 à 2 jours plus tard pour confirmer ces montants.

Étape 7 : Initier votre premier dépôt

Une fois le compte bancaire lié, vous pouvez initier votre premier transfert. Choisissez le montant avec lequel vous souhaitez commencer (rappelez-vous : même 10 $ suffisent si la plateforme prend en charge les actions fractionnaires !) et confirmez le transfert.

Temps total écoulé : Environ 14 minutes.

QUE SE PASSE-T-IL ENSUITE ?

Il faut généralement 1 à 3 jours ouvrables pour que les fonds soient réglés sur votre compte de courtage. L'argent apparaîtra comme un "solde de liquidités" prêt à être utilisé. Une fois que l'argent est réglé, vous êtes officiellement prêt à passer votre première transaction, que nous détaillerons dans le chapitre 7. Félicitations — vous avez franchi l'étape la plus importante de votre vie financière !

CHAPTER THREE

LE ZOO DE L'INVESTISSEMENT : QUELLES CRÉATURES VOUS APPORTENT UNE CROISSANCE MASSIVE (ET QUELLES CELLES VOUS PROTÈGENT DES PRÉDATEURS)

Bienvenue au Zoo de l'Investissement.

Jusqu'à présent, nous nous sommes concentrés sur la collecte de votre argent, la définition de vos objectifs et la préparation de la cage (votre compte de courtage). Maintenant, il est temps de décider quelles créatures vous allez réellement mettre à l'intérieur.

Le monde financier utilise des dizaines de noms complexes pour les véhicules d'investissement — futurs, options, matières premières, dérivés — mais vous pouvez ignorer 95 % d'entre eux. Pour un débutant avisé, en particulier un jeune axé sur la richesse à long terme, le zoo contient seulement trois animaux principaux que vous devez apprivoiser : Actions, Fonds (ETF/Fonds Indiciel) et Obligations.

Comprendre ces trois catégories — comment elles croissent et comment elles s'effondrent — est la différence essentielle entre un investisseur confiant et quelqu'un qui jette simplement des fléchettes sur un tableau.

Pensez-y de cette façon :

1. Les actions sont les guépards : Ils sont rapides, élégants et peuvent produire des résultats massifs (croissance élevée). Mais ils sont aussi solitaires et vulnérables (risque élevé).

2. Les fonds sont les troupeaux de bisons : Ils se déplacent ensemble, se protègent mutuellement et parcourent de grandes distances de manière fiable (croissance stable et diversifiée). Ils sont résilients (risque modéré).

3. Les obligations sont les tortues : Elles sont lentes, régulières et axées uniquement sur la survie (croissance faible, mais grande sécurité). Elles vous protègent des prédateurs (risque faible).

Rencontrons ces créatures une par une.

COMMENT FAIRE EN SORTE QUE NETFLIX ET APPLE VOUS PAIENT : LE POUVOIR DE DEVENIR UN PROPRIÉTAIRE, PAS SEULEMENT UN CLIENT

Imaginez votre jeu vidéo préféré. Disons qu'il est fabriqué par une grande entreprise comme Nintendo ou Epic Games. Lorsque vous achetez le jeu, vous êtes un client. Vous leur donnez de l'argent et ils vous donnent un produit. C'est la fin de la transaction.

Maintenant, imaginez que vous pouviez posséder une toute petite partie de Nintendo ou d'Epic Games elle-même. Pas seulement le jeu, mais la véritable entreprise qui prend les décisions, conçoit les consoles et collecte des milliards de dollars de bénéfices.

C'est exactement ce qu'est une action.

Une action (ou une "part") représente une propriété proportionnelle dans une société. Si l'entreprise vaut 100 milliards de dollars, et que vous possédez un millionième de cette société, vous détenez un millionième des bénéfices, des actifs et de la croissance future.

Pourquoi cela a-t-il de l'importance ?

Lorsque vous avez acheté le jeu vidéo, votre richesse a diminué. Lorsque vous achetez l'action de l'entreprise, votre richesse est directement liée au succès de l'entreprise. Si l'entreprise crée une nouvelle console incroyable et que ses bénéfices triplent, la valeur de votre petite tranche de propriété (votre action) triple également.

Lorsque les gens parlent de "marché boursier", ils parlent du vaste marché mondial où ces parts de propriété sont achetées et vendues.

Les deux principaux moyens par lesquels vous gagnez de l'argent en possédant des actions sont :

1. L'appréciation du capital (la croissance) : C'est lorsque le prix de l'action augmente. Si vous avez acheté une action d'Apple pour 50 $ et que l'entreprise réussit bien, dix ans plus tard, cette même action pourrait valoir 250 $. Cette augmentation de 200 $ est votre appréciation du capital. C'est le principal objectif des jeunes investisseurs.

2. Les dividendes (le paiement) : Certaines entreprises matures et rentables (comme Coca-Cola ou Microsoft) décident de partager une petite partie de leurs bénéfices avec leurs propriétaires (actionnaires). Ils envoient littéralement de l'argent directement sur votre compte de courtage, généralement tous les trois mois. C'est de l'argent que vous gagnez

juste en possédant l'action. C'est la fonctionnalité ultime de "être payé pendant que vous dormez".

Si vous décidez si une action est un bon choix, posez-vous deux questions simples :

Cette entreprise sera-t-elle plus grande dans dix ans ? (Pensez à Amazon, Google, Tesla.)

Cette entreprise sera-t-elle éliminée par la concurrence dans un avenir proche ? (Pensez aux anciennes technologies ou aux entreprises qui n'ont pas évolué.)

Les actions sont essentielles pour la croissance car historiquement, elles sont le plus grand générateur de richesse. Mais rappelez-vous l'analogie du guépard : elles sont rapides et volatiles. Si vous possédez une seule action et que cette entreprise sort un produit qui échoue, ou si un PDG prend une mauvaise décision, votre investissement pourrait s'effondrer du jour au lendemain. C'est pourquoi nous ne mettons pas tout notre argent au même endroit.

La stratégie du génie paresseux : Investir dans 500 entreprises simultanément d'un seul clic (le secret du S&P 500)

Si les actions individuelles sont les guépards à haut risque et haute récompense, alors les fonds sont les énormes troupeaux défensifs.

Un fonds est simplement un énorme panier qui contient des dizaines, des centaines ou même des milliers d'actions et/ou d'obligations différentes. Lorsque vous achetez une part du fonds, vous possédez instantanément une petite part de tout ce qui se trouve dans le panier.

Les fonds sont la stratégie ultime du génie paresseux car ils résolvent le plus gros problème des actions individuelles : la volatilité. Si une entreprise de votre fonds fait faillite, cela peut être compensé par les 999 autres entreprises prospères dans le panier, affectant à peine votre rendement global. C'est le pouvoir de la diversification.

Il existe deux grands types de fonds que vous devez connaître :

1. Fonds communs de placement : Ce sont des paniers d'investissements gérés par des professionnels. Vous les achetez en fonction de leur Valeur d'Actif Net (NAV) une fois par jour. Ils ont souvent des frais élevés et sont moins flexibles, c'est pourquoi nous les évitons généralement, sauf si vous disposez de comptes de retraite spécialisés plus tard.

2. Fonds négociés en bourse (ETFs) : Ce sont la version moderne et supérieure pour les débutants. Un ETF agit exactement comme une action : vous pouvez acheter et vendre des parts du fonds à tout moment lorsque le marché est ouvert, mais au lieu de détenir une seule entreprise, il détient le panier d'actifs. Ils ont généralement des frais extrêmement bas.

Le plus grand outil de création de richesse disponible pour un investisseur débutant est le Fonds indiciel (qui est généralement présenté sous forme d'ETF).

Un indice est une liste d'entreprises. Le plus célèbre est le S&P 500. Cet indice suit la performance de 500 des plus grandes et des plus réussies entreprises cotées en bourse aux États-Unis (Apple, Microsoft, Google, etc.).

Un Fonds indiciel S&P 500 (souvent étiqueté avec des symboles comme VOO ou FXAIX) possède simplement de petites parts de toutes les 500 entreprises de cet indice.

Pensez au S&P 500 comme la "fiche de résultats" pour l'économie américaine dans son ensemble. Historiquement, sur n'importe quel période de 20 ans, le S&P 500 n'a jamais échoué à offrir des rendements positifs, avec une moyenne d'environ 10 % par an avant l'inflation.

Lorsque vous achetez un Fonds indiciel S&P 500, vous pariez essentiellement sur la force durable de l'ensemble de l'économie américaine - pas seulement sur un PDG ou un lancement de produit. Pour votre portefeuille principal (le filet de sécurité de 70 à 80 % que nous aborderons au chapitre 6), les Fonds indiciels sont non négociables. Ils sont fiables, à bas coût et ne nécessitent aucune recherche.

Le principal enseignement ? Les Fonds indiciels vous permettent de participer à une croissance massive tout en réduisant considérablement votre profil de risque. Ils sont la pierre angulaire de tout portefeuille à long terme réussi.

Quand embrasser l'ennui : Déployer vos 'Freins d'urgence' lorsque le marché boursier s'emballe.

Jusqu'à présent, nous avons le moteur de croissance rapide (Actions) et le pilier hautement fiable (Fonds indiciels). Maintenant, nous avons besoin du filet de sécurité ultime : les actifs qui préservent votre capital lorsque tout le reste tremble. Ce sont vos Tortues.

Le marché boursier est cyclique. Il monte et parfois il chute brutalement (ce que l'on appelle des corrections ou des krachs). Lorsque le marché boursier s'effondre, vous avez besoin d'actifs qui conservent leur valeur ou même augmentent pendant que les actions chutent.

RENCONTREZ LES OBLIGATIONS ET LES CERTIFICATS DE DÉPÔT (CD).

Les Obligations sont essentiellement des prêts. Lorsque vous achetez une obligation, vous prêtez votre argent à une entité (généralement un gouvernement, comme le Trésor américain, ou une très grande entreprise) pour une période fixe. En retour, ils promettent de vous verser des intérêts chaque année et de rembourser le montant principal lorsque l'obligation "arrive à maturité".

Actions : Vous possédez une part des futurs profits de l'entreprise (imprévisible).

Obligations : Vous êtes créancier. Ils vous doivent de l'argent (prédictible, rendement fixe).

Parce que les obligations garantissent un paiement (à moins que l'entité ne fasse faillite, ce qui est rare pour le gouvernement américain), elles sont de loin moins volatiles que les actions. Leurs rendements sont beaucoup plus bas (souvent de 3 % à 5 % par an), mais elles jouent un rôle crucial : la stabilité. Lorsque le marché boursier s'effondre parce que les investisseurs sont inquiétés, ils tendent à retirer de l'argent des actions et à le mettre dans des actifs sûrs comme les obligations d'État. Cette stabilité est la raison pour laquelle elles sont parfois appelées "revenu fixe".

Pour un jeune investisseur, votre portefeuille contiendra probablement très peu d'obligations - peut-être seulement 5 % à 10 % - car vous cherchez à maximiser la croissance, et les obligations freinent cette croissance. Cependant, elles sont essentielles à connaître pour le moment où vous aurez besoin d'un endroit pour ranger en toute sécurité des fonds dont vous pourriez avoir besoin dans un avenir proche (par exemple, des frais de scolarité dans quatre ans).

Les Certificats de Dépôt (CDs) sont encore plus ennuyeux. Un CD est une promesse que vous faites à une banque de laisser un montant forfaitaire déposé pendant une période spécifique (par exemple, 6 mois, 2 ans, 5 ans). En échange, la banque vous offre un taux d'intérêt légèrement supérieur à celui d'un compte d'épargne standard. Ils sont extrêmement peu risqués, car ils sont assurés par le gouvernement (FDIC), mais ils n'offrent pratiquement aucun potentiel de croissance par rapport aux actions. Ils sont excellents, cependant, pour des économies à court terme où la préservation du capital est votre priorité absolue.

Le Piège Crypto et la Propriété Fractionnelle : Signes d'alerte et Quand Éviter les Actifs à Haut Risque.

Alors que le cœur de votre portefeuille devrait vivre dans la sécurité des trois créatures ci-dessus, il est impossible de parler d'investissement moderne sans mentionner la section sauvage et non réglementée du zoo : les Actifs Alternatifs.

Ces investissements sont appelés "alternatifs" car ils ne suivent pas les règles typiques du marché boursier. Les deux plus populaires (et les plus dangereux pour les débutants) sont la Cryptomonnaie et l'Immobilier Fractionnel.

1. Le Chant de Sirène des Cryptos.

La Cryptomonnaie (comme Bitcoin et Ethereum) est une monnaie numérique sécurisée par la cryptographie. Elle promet d'être un remplacement mondial et décentralisé pour les systèmes d'argent et de banque traditionnels.

Le potentiel de gains rapides et transformateurs dans la cryptomonnaie a attiré des millions de jeunes investisseurs. Et oui, des gens se sont beaucoup enrichis, très vite.

Cependant, la cryptomonnaie est le pari à haut risque ultime pour un débutant. Elle est très volatile, ce qui signifie que sa valeur peut grimper de 40 % en une semaine et chuter de 60 % la suivante. Il n'y a pas d'entité gouvernementale ou d'entreprise qui puisse la soutenir, ce qui la rend extrêmement spéculative. Sa valeur est presque entièrement déterminée par le battage médiatique, l'émotion et le potentiel futur, et non par les profits existants (comme une action).

La Règle de Précaution : Si vous êtes déterminé à investir dans la cryptomonnaie, n'allouez que des fonds que vous êtes prêt à perdre à 100 %. Cela s'appelle souvent "argent de loisir" ou "argent de plaisir". Gardez cette allocation minuscule - peut-être de 1 % à 5 % de votre capital d'investissement total. Votre objectif doit rester sur le long terme, avec des véhicules de croissance éprouvés : les Fonds indiciels. Ne laissez pas la promesse d'un retour rapide multiplié par 10 vous distraire de la certitude d'un retour multiplié par 10 sur 20 ans.

2. Immobilier Fractionnel.

L'immobilier (acheter des maisons ou des appartements) est un chemin historique vers la richesse, mais acheter une maison entière est généralement impossible pour un adolescent. Les plateformes d'immobilier fractionnel vous permettent d'acheter de petites parts de propriété.

Le bénéfice est que l'immobilier conserve historiquement bien sa valeur et fournit un revenu locatif. Le revers est qu'il est généralement illiquide (difficile à vendre rapidement), implique des frais élevés, et que ces plateformes fractionnelles spécialisées ajoutent souvent des couches de complexité et de risque pour le novice.

Le Verdict du Débutant : L'immobilier ne devrait être envisagé que lorsque votre portefeuille d'actions est substantiel (supérieur à 50 000 $) et que vous comprenez bien le marché. Pour l'instant, la complexité et la faible liquidité de la propriété fractionnelle en font une distraction par rapport à votre mission fondamentale.

Votre Stratégie : La Règle 90/10.

Votre première stratégie d'investissement devrait être impitoyablement simple et axée sur un maximum d'avantages temporels.

90 % de votre argent va dans le troupeau fiable et diversifié (Fonds indiciels). C'est votre générateur de richesse à long terme, non négociable.

10 % de votre argent va dans les Cheetahs excitants et à haut risque (Actions individuelles). C'est là que vous pratiquez vos compétences en recherche du chapitre 5, et où vous permettez un énorme potentiel de gain, bien que contrôlé.

En comprenant les fonctions de base et les risques de ces créatures fondamentales, vous avez terminé avec succès la visite du Zoo d'Investissement et êtes prêt à commencer à acheter.

COMMENT FAIRE EN SORTE QUE NETFLIX ET APPLE VOUS PAIENT : LE POUVOIR DE DEVENIR PROPRIÉTAIRE, PAS SEULEMENT CLIENT.

VOUS DÉPENSEZ 15 $ PAR MOIS POUR NETFLIX. VOUS ACHETEZ PROBABLEMENT UNE nouvelle paire de baskets Nike tous les six mois. Si vous êtes un joueur, vous avez investi sérieusement dans des microtransactions sur Fortnite ou peut-être précommandé la dernière console de Microsoft ou Sony.

Vous, cher lecteur, êtes un client fantastique. Vous êtes le moteur du profit corporatif.

Voici le changement de mentalité massif qui transforme les clients en investisseurs : Arrêtez de simplement financer les entreprises que vous aimez. Commencez à les posséder.

Lorsque vous investissez, vous changez votre relation avec ces géants. Au lieu que votre argent sorte de votre portefeuille et aille dans le leur, vous mettez en place un système où leurs profits reviennent à vous.

C'est le pouvoir de l'action.

Qu'est-ce qu'une action ?

Imaginez votre entreprise tech préférée, appelons-la "Global Mega Corp" (mais pensez à Apple, Amazon ou Google). Global Mega Corp vaut des trillions de dollars. Si vous vouliez créer une entreprise de cette taille, vous auriez besoin de milliards de dollars, non ?

Lorsque les entreprises cherchent à lever d'énormes montants de capital — l'argent dont elles ont besoin pour construire de nouvelles usines, lancer de nouveaux produits ou s'étendre à l'international — elles ne vont généralement pas demander à une seule banque. Elles vendent des parts de propriété dans l'entreprise au public.

Une action est simplement une petite part fractionnelle de propriété dans une entreprise cotée en bourse. Lorsque vous achetez une action de Netflix, vous devenez littéralement copropriétaire de l'entreprise qui diffuse Stranger Things et Squid Game à 250 millions d'utilisateurs dans le monde.

Vous n'achetez pas un produit ; vous achetez une part de capital.

Lorsque vous achetez une action (qui est le terme technique pour une unité unique d'action), vous pariez sur le succès futur de cette entreprise. Si Apple sort un nouveau casque de réalité virtuelle révolutionnaire, ou si Microsoft domine le marché du jeu vidéo, l'entreprise devient plus précieuse. Et puisque vous possédez une part de celle-ci, votre part devient également plus précieuse.

La Bourse : Le Grand Vide-Grenier Mondial

Alors où achetez-vous réellement cette part d'Apple ou cette fraction de Netflix ? Vous les achetez à la bourse.

Oubliez l'image de personnes criant et jetant des papiers sur un parquet de négociation. Aujourd'hui, la bourse est un marché numérique massif, hautement régulé et extrêmement rapide (comme le NASDAQ ou la Bourse de New York). C'est l'endroit où les investisseurs et les traders achètent et vendent des actions d'entreprises publiques.

Lorsque vous passez un ordre via votre application de courtage (que nous mettrons en place au Chapitre 3), vous soumettez simplement un ordre à cette bourse. Si vous voulez acheter 10 actions de la populaire entreprise de jeux Roblox, la bourse trouve instantanément quelqu'un prêt à vendre 10 actions de Roblox au prix du marché en cours et exécute le transfert.

Le plus beau ? Vous n'avez pas besoin de savoir qui est le vendeur, et il n'a pas besoin de vous connaître. La bourse s'occupe des parties compliquées.

Comment la Propriété Rémunère (Dividendes et Croissance)

Il y a deux manières principales dont les actions génèrent de la richesse pour vous à long terme, et aucune d'elles ne nécessite que vous leviez le petit doigt une fois que vous avez passé l'ordre.

1. Appréciation du Capital (La Croissance) :

C'est l'événement principal. Si vous achetez une action de Nvidia (un fabricant de puces leader pour l'IA et les jeux) pour 100 $ aujourd'hui, et au cours des cinq prochaines années, ils continuent de dominer le marché des puces, cette action pourrait valoir 300 $.

Cette augmentation de 200 $ de valeur s'appelle l'appréciation du capital. Vous n'avez pas encore vendu l'action, mais la valeur de votre actif a augmenté parce que l'entreprise se porte bien. C'est pourquoi vous devez choisir des actions dans des entreprises que vous croyez plus réussies dans une décennie qu'elles ne le sont aujourd'hui.

2. Dividendes (Le Salaire Passif) :

Certaines, mais pas toutes, les entreprises matures — pensez à Coca-Cola, Starbucks ou aux entreprises de services publics — ont tellement d'argent supplémentaire qui entre qu'elles décident de partager une partie de leurs bénéfices directement avec leurs actionnaires. Ce versement est appelé un dividende.

Les dividendes sont souvent versés trimestriellement (tous les trois mois). Si vous possédez 100 actions de Coca-Cola, et qu'elles paient un dividende de 0,50 $ par action, vous recevrez 50 $ directement déposés dans votre compte de courtage ce trimestre.

Le meilleur avec les dividendes, c'est qu'ils constituent un revenu totalement passif. Vous êtes littéralement payé juste pour être un propriétaire. De nombreux investisseurs choisissent d'utiliser automatiquement ces dividendes pour acheter plus d'actions de l'entreprise, accélérant ainsi davantage l'effet de capitalisation (vous vous rappelez de la boule de neige du Chapitre 1 ?).

L'Investissement Ultime : Le Temps

Lorsque vous commencez à investir en tant qu'adolescent, vous ne vous concentrez pas sur des profits rapides ; vous vous concentrez sur la sécurisation de la propriété pour les 10, 20 ou 40 prochaines années.

Les investisseurs les plus réussis n'ont pas choisi chaque action gagnante ; ils ont simplement identifié de bonnes entreprises et les ont conservées pendant des décennies, laissant le succès des entreprises et la magie de la capitalisation faire le gros du travail.

La leçon clé est la suivante : Chaque fois que vous achetez un produit d'une grande entreprise, demandez-vous : "Possède-t-il aussi une part de cette entreprise ?" Si la réponse est non, vous laissez de l'argent sur la table. Votre argent devrait être investi dans des entreprises dont vous utilisez les produits et services chaque jour, vous transformant ainsi d'un client fidèle en propriétaire prospère.

LA STRATÉGIE DU GÉNIE PARESSEUX : INVESTIR DANS 500 ENTREPRISES SIMULTANÉMENT AVEC UN SIMPLE CLIC (LE SECRET DU S&P 500)

Imaginez un instant que vous deviez construire l'équipe sportive ultime, mais que vous ne pouviez choisir qu'un seul joueur. Si ce joueur se blesse, toute votre saison est terminée. C'est ce qu'achète une seule action. C'est à haut risque, à haute récompense, et extrêmement stressant.

La Stratégie du Génie Paresseux vise à rendre votre portefeuille résistant. Nous voulons une équipe de 500 joueurs vedettes travaillant pour vous, donc si l'un d'eux a une mauvaise journée, les autres prennent le relais. C'est ce qu'on appelle la diversification, et c'est sans doute le concept le plus important en matière d'investissement à long terme.

Comment acheter 500 entreprises sans avoir à rechercher 500 rapports annuels ? Vous ne le pouvez pas. Vous achetez un fonds.

Un fonds est simplement une immense collection d'actifs — actions, obligations, etc. — qui a été professionnellement regroupée en un seul produit d'investissement. Lorsque vous achetez une action du fonds, vous achetez de toutes petites fractions de chaque actif contenu dans ce paquet. C'est l'affaire d'investissement ultime à deux pour un.

LE SECRET DU S&P 500 : DIVERSIFICATION INSTANTANÉE

La méthode d'investissement la plus simple, la plus efficace et historiquement prouvée consiste à utiliser un fonds indiciel qui suit le S&P 500.

Qu'est-ce que le S&P 500 ? Cela signifie Standard & Poor's 500. C'est un indice qui suit la performance des 500 plus grandes entreprises cotées en bourse aux États-Unis. Nous parlons des titans de l'industrie : Apple, Microsoft, Amazon, Google, Tesla, Johnson & Johnson, Coca-Cola — les entreprises qui dirigent effectivement le monde moderne.

Lorsque vous achetez une action dans un fonds indiciel S&P 500, vous ne pariez pas sur une seule entreprise ; vous pariez sur l'ensemble du moteur de l'économie américaine.

C'est la partie "Génie Paresseux" : Si vous investissez 100 $ dans un fonds S&P 500, vous avez instantanément atteint un niveau de diversification qui prenait auparavant des semaines de la part de gestionnaires d'argent professionnels. Votre risque est considérablement plus faible que si vous aviez investi ces mêmes 100 $ dans une action unique comme GameStop.

Pour la grande majorité des investisseurs à long terme, le S&P 500 est leur actif le plus performant. Pourquoi ? Parce que l'économie américaine, malgré les récessions et les crises, a toujours tendance à augmenter à long terme.

LES DEUX SAVEURS DE FONDS : ETF VS. FONDS COMMUN DE PLACEMENT

LORSQUE VOUS ALLEZ SUR VOTRE APPLICATION DE COURTAGE, VOUS VERREZ DES fonds listés dans deux structures principales : ETF et Fonds Commun de Placement. Ils détiennent tous deux des paniers d'actions, mais ils se comportent différemment lorsque vous les achetez.

1. Fonds Négociés en Bourse (ETFs)

Les ETFs sont l'option la plus moderne et conviviale pour les adolescents.

Comment ils fonctionnent : Ils se négocient exactement comme une action. Si vous décidez à 11h00 que vous voulez acheter un ETF, vous appuyez sur "acheter", et la transaction s'exécute immédiatement au prix du marché actuel.

Avantages pour les Adolescents :

Minimaux Faibles : Vous pouvez souvent acheter des actions fractionnelles d'un ETF, ce qui signifie que vous pouvez investir avec aussi peu que 5 $ ou 10 $.

Flexibilité : Vous pouvez les négocier facilement tout au long de la journée.

Coûts Faibles : La plupart des principaux ETFs du S&P 500 ont des ratios de frais extrêmement bas (la commission que le fonds vous facture annuellement).

Exemple d'ETFs du S&P 500 : VOO, SPY, IVV.

2. Fonds Commun de Placement

Les fonds communs de placement sont la structure de fonds classique, plus ancienne.

Comment ils fonctionnent : Ils ne se négocient pas tout au long de la journée. Lorsque vous passez un ordre pour acheter un fonds commun de placement, la transaction ne s'exécute qu'une seule fois, après la fermeture du marché à 16h00 (au prix de la valeur nette d'inventaire).

Avantages pour les Adolescents :

Facile à Automatiser : Ils sont excellents pour mettre en place des achats automatiques récurrents.

Inconvénients pour les Adolescents :

Minimaux Élevés : De nombreux fonds communs de placement exigent un investissement initial de 1 000 $ ou 3 000 $, ce qui est souvent trop élevé pour un investisseur débutant.

Exemples de fonds communs de placement S&P 500 : FXAIX, VFIAX. (Remarque : Fidelity et Vanguard renoncent souvent aux minimums si vous utilisez leurs comptes de courtage spécifiques, mais le chemin des ETF est généralement plus simple pour commencer.)

LE PLAN D'ACTION DU DÉBUTANT : LES FONDS INDEXÉS SONT ROYAUX

Pour vos premiers investissements fondamentaux (qui devraient constituer la majeure partie de votre portefeuille, comme vous le verrez dans le Chapitre 6), vous devriez vous en tenir presque exclusivement à des fonds indiciels à faible coût, spécifiquement ceux qui suivent le S&P 500 ou l'ensemble du marché boursier américain.

La stratégie des fonds indiciels est à l'opposé du trading quotidien. Elle nécessite un suivi minimal, des recherches minimales et un stress minimal. Elle exploite la croissance des plus grandes entreprises du monde sans vous rendre dépendant de l'une d'entre elles.

Si vous décidez d'acheter VOO, vous devenez maintenant actionnaire de 500 des entreprises les plus puissantes du monde. Vous avez fait le choix intelligent et paresseux d'un génie. Vous avez accompli le travail d'un professionnel chevronné d'un simple clic.

Quand embrasser l'ennui : déployer vos 'freins d'urgence' lorsque le marché boursier devient fou

Si le Chapitre 4 vous a semblé un cours d'une intensité élevée en science des fusées, vous préparant à lancer votre argent vers la lune, cette section concerne l'installation des freins d'urgence.

Quand vous êtes jeune, vous pouvez vous permettre d'être agressif (comme nous l'avons discuté, le temps est votre filet de sécurité ultime). Mais même l'investisseur le plus agressif a besoin d'un stabilisateur—quelque chose qui ne chutera pas simplement parce qu'Elon Musk a tweeté quelque chose de controversé. C'est ici que les actifs ennuyeux et prévisibles entrent en jeu.

Ces actifs sont l'opposé des actions. Les actions vous donnent la propriété et un potentiel de croissance élevé ; ces actifs vous donnent de la stabilité et des rendements garantis—bien que minimes. Ce sont les amortisseurs pour votre portefeuille.

Obligations : vous êtes la banque

Lorsque vous achetez une action, vous devenez propriétaire (détenteur d'équité). Lorsque vous achetez une obligation, vous devenez prêteur (détenteur de dette).

Une obligation est simplement un IOU sophistiqué. Vous prêtez de l'argent à une entité—généralement une grande entreprise (une obligation d'entreprise) ou un gouvernement (une obligation d'État). En échange de votre prêt, l'entité promet de faire trois choses :

1. Vous rembourser le montant original (le principal) à une date spécifique (la date d'échéance).

2. Vous verser des paiements d'intérêt réguliers (appelés coupon) en cours de route.

Imaginez que votre entreprise de jeux vidéo massive préférée a besoin de 50 millions de dollars pour développer son prochain titre AAA. Au lieu de vendre plus d'actions (et de diluer la valeur des actions existantes), elle émet des obligations. Vous achetez des obligations pour 1 000 $. Maintenant, elle vous doit ces 1 000 $, et elle vous paiera peut-être 4 % d'intérêt chaque année jusqu'à ce que l'obligation arrive à échéance.

Pourquoi les obligations sont ennuyeuses (et pourquoi c'est une bonne chose) :

Les obligations sont plus sûres que les actions car les détenteurs de dette (propriétaires d'obligations) sont légalement payés avant les détenteurs d'équité (propriétaires d'actions) si une entreprise fait faillite. L'entreprise doit d'abord honorer ses obligations obligataires. Comme elles sont beaucoup moins volatiles, les obligations offrent généralement des rendements plus faibles que les actions.

Si le marché boursier s'effondre et que les actions chutent de 30 %, les obligations pourraient ne chuter que de 5 % (ou, souvent, elles pourraient même augmenter, les investisseurs se précipitant vers la sécurité). Cet effet stabilisant est leur superpouvoir.

Certificats de dépôt (CD) : la pause financière

Alors que les obligations sont des dettes émises par des entreprises ou des gouvernements, les certificats de dépôt (CD) sont le produit de revenu fixe le plus simple et le plus sûr proposé par les banques.

Pensez à un CD comme à un compte d'épargne verrouillé. Vous déposez une somme d'argent dans le CD et acceptez de le laisser là pendant une période fixe—par exemple, 6 mois, 1 an ou 5 ans. En échange de l'immobilisation de votre argent, la banque vous garantit un taux d'intérêt spécifique, légèrement supérieur à celui d'un compte d'épargne standard.

L'avantage majeur des CD est leur sécurité à toute épreuve. Aux États-Unis, les CD détenus dans des banques assurées sont protégés par la FDIC (Federal Deposit Insurance Corporation) jusqu'à 250 000 $. Cela signifie que même si la banque s'effondre complètement, votre argent est en sécurité et garanti par le gouvernement.

Le compromis :

Le compromis pour cette sécurité extrême est la liquidité et le rendement. Vous ne pouvez généralement pas toucher à l'argent avant l'expiration du terme sans payer une pénalité (liquidité faible), et le taux d'intérêt est généralement assez bas par rapport à la croissance potentielle des actions.

Les freins d'urgence de votre portefeuille

Alors, pourquoi un jeune investisseur, entièrement axé sur la croissance, a-t-il besoin de ces outils ennuyeux ?

La raison principale est la gestion des risques et la stabilité.

Pour un jeune investisseur avec un horizon temporel de 40 ans ou plus, votre allocation de portefeuille devrait probablement être de 80-95 % d'actifs de croissance (actions et fonds indiciels). Mais les 5-20 % restants alloués à des actifs sûrs et stables (obligations ou CD) remplissent deux fonctions cruciales :

1. Absorption des chocs : Lorsque l'inévitable krach du marché frappe (et cela arrivera, plusieurs fois au cours de votre vie), vos actifs d'actions plongeront. Mais vos obligations et CD conserveront leur valeur, amortissant le choc global. Cela facilite le sommeil la nuit et vous empêche de paniquer et de vendre tout.

2. Poudre sèche : C'est la fonction la plus excitante. Lorsque le marché boursier s'effondre, tout est "en vente." Si tout votre argent est verrouillé dans des actions en baisse, vous ne pouvez pas acheter les bonnes affaires. Cependant, si vous avez 10 % de votre portefeuille en toute sécurité dans des obligations qui n'ont pas perdu de valeur, vous pouvez vendre ces actifs stables et utiliser cet argent pour acheter des actions fortement réduites.

En essence, les obligations et les CD sont votre fonds d'urgence discipliné dans le monde de l'investissement. Ils garantissent que même lorsque le marché boursier devient fou, vous avez des liquidités qui conservent leur valeur, prêtes à être utilisées pour un maximum de profit lorsque la poussière retombe. Vous embracez les choses ennuyeuses maintenant pour pouvoir vous permettre d'acheter des choses excitantes plus tard.

LE PIÈGE CRYPTO ET LA PROPRIÉTÉ FRACTIONNÉE : SIGNAUX D'ALERTE ET QUAND ÉVITER LES ACTIFS À HAUT RISQUE

JUSQU'À PRÉSENT, NOUS NOUS SOMMES CONCENTRÉS SUR DES ACTIFS QUI ONT UNE longue histoire de croissance prouvée : actions et obligations. Ce sont les chevaux de trait du monde financier. Mais lorsque vous explorez le monde de l'investissement, vous entendez inévitablement parler des choses brillantes, nouvelles et souvent bruyantes. Ce sont les actifs alternatifs, et bien qu'ils détiennent un immense potentiel futur, ils comportent également un immense risque—surtout pour les nouveaux investisseurs.

Ces actifs alternatifs incluent des choses comme les cryptomonnaies (Bitcoin, Ethereum, etc.), le capital-risque, les objets de collection (sneakers rares, art) et de plus en plus, la propriété fractionnée de biens immobiliers ou d'art coûteux.

La distinction fondamentale que vous devez internaliser est la suivante : les fonds indiciels et les grandes actions sont des investissements, ce qui signifie qu'ils représentent une propriété d'actifs générant des revenus qui ont été rigoureusement testés depuis des décennies. La plupart des actifs alternatifs, en particulier pour les débutants, sont de la pure spéculation.

La règle clé pour un débutant est : ne touchez pas à ces actifs tant que votre portefeuille fondamental (fonds indiciels, actions de première qualité) n'est pas établi à 100 % et que vous y contribuez régulièrement. Si vous ressentez le besoin d'expérimenter, n'engagez qu'une très petite quantité d'argent—de l'argent dont vous êtes parfaitement à l'aise de perdre la totalité.

LE PIÈGE CRYPTO : LA VOLATILITÉ N'EST PAS LA CROISSANCE

La cryptomonnaie est souvent le premier actif alternatif qui attire l'attention d'un adolescent, et pour de bonnes raisons. C'est numérique, c'est excitant, et les titres parlent constamment de gains massifs et transformateurs de vie.

Au cœur, la cryptomonnaie est un actif numérique construit sur la technologie blockchain. Bien que la technologie elle-même soit révolutionnaire et puisse soutenir les systèmes financiers futurs, les pièces numériques elles-mêmes sont hautement volatiles. Elles ne sont pas liées aux bénéfices ou aux gains d'une entreprise (comme une action) ou à un flux de paiements (comme une obligation). Leur valeur est presque entièrement basée sur le battage médiatique, le sentiment du marché et la spéculation.

Ce que cela signifie en pratique, c'est qu'une cryptomonnaie spécifique peut grimper de 400 % en un mois, puis chuter de 80 % la semaine suivante. Pour un jeune investisseur, voir votre investissement initial de 100 $ se transformer en 500 $ est exaltant ; le voir retomber à 50 $ est une expérience psychologique catastrophique qui conduit souvent à la vente panique.

SIGNAUX D'ALERTE : ÉVITER LA SPÉCULATION À HAUT RISQUE

1. LA PROMESSE DE LA NUIT: SI UN ACTIF PROMET DE VOUS RENDRE RICHE DU JOUR au lendemain ou est fortement promu par des influenceurs sans formation financière, c'est un piège spéculatif.

2. Investissement Émotionnel: La crypto est animée par la "Peur de Manquer" (FOMO). Un véritable investissement est ennuyeux, calculé et à long terme. Le commerce de crypto est rarement ennuyeux, ce qui signifie que c'est rarement un vrai investissement.

3. Manque de Fondamentaux: Il est extrêmement difficile de déterminer la valeur intrinsèque d'une cryptomonnaie. Vous ne pouvez pas utiliser le ratio C/B ou les rapports de résultats trimestriels pour juger si le Bitcoin est bon marché ou cher, rendant l'achat éclairé impossible.

Pour l'investisseur débutant, votre attention doit être concentrée sur la maximisation de la certitude mathématique de l'accumulation, et non sur le fait de jouer avec des actifs numériques volatils.

PROPRIÉTÉ FRACTIONNÉE: LA QUESTION DE LA LIQUIDITÉ

UNE AUTRE TENDANCE MONTANTE EST LA PROPRIÉTÉ FRACTIONNÉE. CELA IMPLIQUE d'acheter une petite part numérique d'un actif traditionnellement illiquide et coûteux. L'exemple le plus courant est l'immobilier fractionné (acheter 0,1 % d'un immeuble d'appartements) ou la propriété fractionnée de voitures de sport coûteuses ou d'œuvres d'art.

L'Attrait : L'immobilier est traditionnellement une classe d'actifs forte et fiable qui suit le rythme de l'inflation. La propriété fractionnée la rend accessible aux investisseurs avec seulement 100 $.

La Prudence : Bien que l'immobilier soit généralement stable, le marché fractionné ne l'est pas. Lorsque vous achetez une part d'un actif fractionné, vous devez considérer le concept de liquidité. La liquidité fait référence à la facilité et la rapidité avec lesquelles vous pouvez vendre un actif et le convertir à nouveau en espèces sans perdre de valeur.

Une action dans le S&P 500 est très liquide ; vous pouvez la vendre en quelques secondes pendant les heures de marché. En revanche, l'immobilier fractionné est souvent illiquide. Il se peut qu'il n'y ait pas d'acheteur immédiat pour votre petite part de l'immeuble lorsque vous avez besoin de liquidités. De plus, ces plateformes comportent souvent des frais de gestion élevés, qui grignotent déjà les rendements lents de l'immobilier.

Le Verdict sur les Alternatives

Les actifs alternatifs sont réservés au segment "argent de jeu" d'un portefeuille déjà diversifié et solide. Pour un adolescent qui débute, votre attention□ doit être axée sur la préservation du capital et une croissance maximale grâce à l'accumulation – des objectifs qui sont mieux atteints grâce à des fonds indiciels à faible coût et une petite sélection d'actions de haute qualité versant des dividendes.

Si vous décidez de consacrer une partie de votre portefeuille à ces actifs à enjeux élevés, ne dépassez jamais 5 % de votre capital investi total, et considérez ce 5 % comme des frais de scolarité payés pour apprendre sur les marchés à haut risque. Devenez riche lentement et en toute sécurité avant de penser à jouer rapidement.

CHAPTER FOUR

LE REGARD DE L'INSIDER : COMMENT REPÉRER UNE ACTION 10X AVANT MÊME QUE WALL STREET NE LE REMARQUE

Le Chapitre 5 est où nous passons de bons gestionnaires de ressources à des analystes commerciaux intelligents. Jusqu'à présent, nous nous sommes concentrés sur le filet de sécurité – la création du compte, la définition des objectifs et l'apprentissage des actifs de base comme les fonds indiciels. C'est le cœur de tout portefeuille stable.

Mais soyons réalistes. Personne ne s'est jamais enrichi en ne possédant que des fonds indiciels ennuyeux. Ces fonds offrent la lente et régulière progression qui vous rend confortable. Les actions 10X – les entreprises qui doublent, triplent ou font dix fois votre argent – sont celles qui font bouger les choses.

Ces actions 10X sont ce que vous recherchez lorsque vous développez 20 % à 40 % de votre portefeuille en actions d'entreprises individuelles (comme nous en discuterons dans le Chapitre 6).

Pour les trouver, vous avez besoin du regard d'un insider. Cela ne signifie pas connaître des secrets illégaux ; cela signifie apprendre à voir le monde à travers les yeux d'un investisseur, et non simplement d'un consommateur. Cela signifie reconnaître que les choses qui vous obsèdent, vous et vos amis, pourraient être le prochain Apple ou Amazon.

VOTRE ARME SECRÈTE : TRANSFORMER VOS HABITUDES QUOTIDIENNES (JEUX, STREAMING, ACHATS) EN PROFITS D'INVESTISSEMENT

Le plus grand mensonge sur la recherche de marché est qu'elle nécessite un costume, un tableur et un bureau dans un coin de Wall Street.

La vérité ? En tant qu'adolescent, vous avez un énorme avantage déloyal sur la grande majorité des investisseurs professionnels qui gèrent d'énormes fonds spéculatifs : vous êtes l'adoptant précoce. Vous êtes le consommateur de l'avenir.

Alors que l'analyste de 50 ans est occupé à lire des rapports trimestriels sur des processus de fabrication obsolètes, vous vivez l'avenir technologique en ce moment. Vous avez été celui qui a compris l'attrait de TikTok avant qu'il ne devienne une grande tendance internationale. Vous savez quel studio de jeux domine la conversation. Vous savez quel lancement de baskets est la véritable affaire et lequel est déjà mort.

C'est de la recherche qualitative, et c'est de l'or. Vous n'avez pas besoin de lire des rapports sophistiqués ; vous devez formaliser vos propres observations.

Le but ici est de changer votre perspective. Chaque fois que vous ouvrez une application, achetez un produit ou utilisez un service d'abonnement, posez-vous trois questions simples :

1. La Question de la Fidélité : À quel point les gens sont-ils obsédés par ce produit ? Est-ce juste une mode temporaire (comme ce défi de danse viral), ou est-ce profondément ancré dans la vie quotidienne ? (Pensez à la différence entre une nouvelle action meme et Spotify - les gens dépendent réellement de Spotify.) Une forte fidélité signifie une barrière élevée à l'entrée pour les concurrents.

2. La Question du Disruptor : Cette entreprise propose-t-elle quelque chose de radicalement meilleur, moins cher ou plus rapide que les alternatives établies ? (Pensez à la façon dont Netflix a perturbé Blockbuster, ou comment un moteur de jeu spécifique domine la performance graphique.) Recherchez des entreprises qui simplifient l'expérience utilisateur ou redéfinissent complètement un marché.

3. La Question du Fossé : Cette entreprise a-t-elle un "fossé" autour de son activité ? Un fossé est un avantage unique qui rend presque impossible pour les concurrents de voler leurs clients. Cela pourrait être une forte reconnaissance de marque (comme Nike), d'énormes effets de réseau (comme Discord ou Facebook), ou une protection par brevet (comme les entreprises pharmaceutiques). Un excellent investissement a un fossé profond rempli de crocodiles.

Prenons un exemple concret : Vous remarquez que chaque streamer que vous suivez utilise une marque spécifique de microphone ou de logiciel de streaming spécialisé. Ce n'est pas une coïncidence. C'est un signal que ce morceau de technologie particulier est en train de devenir la norme dans l'industrie. Votre prochaine étape n'est pas d'acheter le produit, mais de vérifier qui possède l'entreprise et si elle est cotée en bourse.

Vos habitudes quotidiennes sont votre laboratoire de recherche de marché personnel et en temps réel. Commencez une liste des entreprises qui enthousiasment réellement vous et vos amis. Ces entreprises sont vos candidats à l'investissement.

Le Test d'Évaluation de 30 Secondes : Savoir Instantanément Si une Action est 'En Promotion' ou Énormément Surévaluée

D'accord, vous avez utilisé votre regard d'insider et trouvé l'Entreprise X, qui fabrique la console de jeu révolutionnaire que tout le monde voudra l'année prochaine. Super. Mais avant de cliquer sur le bouton "Acheter", vous devez répondre à une question cruciale : Quel est un prix juste à payer ?

Le simple fait qu'une entreprise soit incroyable ne signifie pas que son action est un bon investissement. Pensez-y comme à l'achat d'une paire de baskets de collection : si la chaussure est géniale mais que le vendeur en demande 5 000 $, vous ne devriez probablement pas l'acheter, peu importe à quel point elle est cool. Elle est surévaluée.

Pour éviter d'acheter des entreprises fantastiques à des prix ridicules, nous utilisons un outil simple appelé le Ratio C/B (P/E Ratio).

Le Ratio C/B est le seul indicateur le plus critique pour un investisseur débutant. Il pose essentiellement la question : Combien les investisseurs sont-ils prêts à payer pour chaque 1 $ que l'entreprise gagne ?

La Formule :

Ratio C/B = (Prix de l'Action Actuel) / (Bénéfice Annuel par Action)

Si une action est échangée à 100 $ et que l'entreprise a gagné 5 $ par action au cours de l'année dernière, le ratio C/B est de 20 (100 $ / 5 $ = 20). Cela signifie que les investisseurs sont prêts à payer 20 $ pour chaque 1 $ de profit généré par l'entreprise.

Voici la traduction simple :

Faible C/B (par exemple, 8 à 15) : L'action est généralement considérée comme "bon marché" ou "sous-évaluée" par rapport à l'argent qu'elle génère actuellement. Cela peut être un investissement de valeur, mais attention : parfois, une action a un faible C/B parce que le marché pense que les meilleurs jours de l'entreprise sont derrière elle.

C/B Modéré (par exemple, 15 à 25) : C'est généralement considéré comme "justement évalué". Cette fourchette suit souvent de près le C/B moyen du marché boursier dans son ensemble (comme le S&P 500).

P/E élevé (par exemple, 30+): Cela signifie que l'action est "chère" en fonction des bénéfices actuels. Les investisseurs sont prêts à payer une prime parce qu'ils s'attendent à ce que les bénéfices de la société explosent à l'avenir. Vous payez pour une croissance anticipée.

Le Test de 30 Secondes :

1. Recherchez le ratio C/B pour votre action candidate. Votre plateforme de courtage

ou tout site d'actualités financières majeur (comme Yahoo Finance) liste ce chiffre directement sur la page de résumé de l'entreprise.

2. Recherchez le ratio C/B de son concurrent le plus proche ou de sa moyenne sectorielle.

3. Comparez. Le C/B de votre entreprise est-il de 50, tandis que celui de son rival est de 20 ? Dans ce cas, vous payez 2,5 fois plus pour le potentiel futur de votre entreprise. Cela ne signifie pas que c'est un mauvais achat, mais cela signifie que vous devez être absolument certain que vos prévisions de croissance sont correctes. Si cette croissance ne se matérialise pas, le prix de l'action chutera.

En tant que jeune investisseur en croissance, vous aurez souvent tendance à privilégier les actions avec un C/B légèrement plus élevé car vous recherchez des entreprises qui vont croître rapidement. Mais utilisez toujours le ratio C/B comme vérification instantanée pour vous assurer que vous ne payez pas un prix fou pour une entreprise qui ne l'a pas encore mérité.

IGNORER 99 % DES ACTUALITÉS FINANCIÈRES : LES 4 MOTEURS MACROÉCONOMIQUES QUI FONT VRAIMENT BOUGER VOTRE ARGENT

Si vous allumez les actualités financières pendant les heures de marché, cela ressemble à la fin du monde ou à l'entrée dans une nouvelle ère d'or, le tout dans l'espace d'une pause publicitaire. Les analystes crient au sujet de mouvements quotidiens triviaux, et le sentiment général est celui du chaos.

C'est du bruit, et cela tue la productivité. Votre travail en tant qu'investisseur à long terme est de filtrer 99 % de ce bruit quotidien et de vous concentrer uniquement sur les quelques grands moteurs macroéconomiques lents qui impactent réellement l'économie sur des années, pas sur des heures.

Pensez-y de cette manière : le prix de l'action d'une entreprise individuelle (comme un nouveau développeur de jeux vidéo) peut chuter de 3 % parce qu'un critique leur a donné une note de 7/10. C'est du bruit. Mais si l'ensemble du marché boursier chute de 10 %, c'est généralement parce qu'un des quatre leviers économiques suivants a été actionné.

Ce sont les quatre sujets financiers que vous devez examiner de temps en temps :

1. Le Coût de l'Argent (Taux d'Intérêt)

C'est le levier le plus puissant de l'économie moderne, contrôlé principalement par la Réserve fédérale américaine (souvent appelée "La Fed").

Quand la Fed augmente les taux d'intérêt, cela signifie que les banques doivent facturer plus pour les prêts. Soudain, il en coûte plus cher aux entreprises d'emprunter de l'argent pour construire de nouvelles usines, lancer de nouveaux produits ou embaucher de nouveaux travailleurs. Cela ralentit la croissance. Pour les actions de croissance, qui dépendent fortement de l'argent emprunté bon marché, la hausse des taux est généralement de très mauvaises nouvelles. Lorsque la Fed signale que les taux augmentent, les actions de croissance chutent généralement.

Quand la Fed abaisse les taux d'intérêt, l'argent est bon marché et en abondance. Les entreprises empruntent librement, investissent massivement et croissent rapidement. Cela est généralement formidable pour les actions.

Action : Ne regardez pas la spéculation minute par minute concernant la Fed. Attendez leurs annonces officielles sur les taux et comprenez la direction générale (Les taux augmentent-ils ou baissent-ils ?).

2. L'Inflation

L'inflation est le taux auquel le prix général des biens et services augmente. Si vous remarquez que votre boisson énergisante préférée coûte 20 cents de plus cette semaine que la semaine dernière, c'est l'inflation en action.

Une forte inflation est un casse-tête pour les entreprises car leurs coûts pour les matériaux, le transport et la main-d'œuvre augmentent tous. Si une entreprise ne peut pas augmenter ses prix assez rapidement pour suivre, ses marges bénéficiaires se réduisent. Cela rend son action moins attractive. À l'inverse, certaines entreprises (comme celles possédant des actifs tangibles, tels que l'immobilier ou des matières premières) tendent à mieux performer en période de forte inflation.

3. Changements Technologiques Structurels (Le Tsunami)

C'est un jeu à long terme. Vous recherchez des changements si massifs qu'ils redéfinissent l'économie. Pensez à l'essor d'Internet dans les années 90, au smartphone dans les années 2000, ou à l'IA dans les années 2020.

Quand ces tsunamis frappent, ils créent des opportunités pour de nouvelles entreprises 10X, et ils éliminent également les anciennes. En tant qu'investisseur, vous devez identifier les technologies habilitantes (par exemple, les semi-conducteurs, les services de cloud computing) que tous les innovateurs ultérieurs devront utiliser.

4. Dépenses et Réglementation Gouvernementales

La politique gouvernementale crée des gagnants et des perdants. Si le gouvernement annonce des dépenses massives en infrastructure, les entreprises qui fabriquent du ciment, de l'acier et des équipements de construction en bénéficieront probablement. Si le gouvernement annonce de nouvelles réglementations environnementales strictes, les entreprises à la pointe de la technologie des énergies renouvelables en profiteront, tandis que les grands pollueurs pourraient souffrir.

Votre travail est de lire les titres concernant ces quatre moteurs, de comprendre leur direction, puis de revenir à votre vie quotidienne.

LA VÉRITÉ CHOQUANTE : POURQUOI VÉRIFIER VOTRE PORTEFEUILLE CHAQUE JOUR GARANTI QUE VOUS PERDEZ DE L'ARGENT

Si on vous a déjà dit que vous deviez vérifier votre portefeuille d'actions chaque matin pour vous assurer que tout va bien, on vous a donné de très mauvais conseils.

En fait, si vous vérifiez votre portefeuille quotidiennement, vous augmentez considérablement vos chances de faire des erreurs émotionnelles qui vont saboter vos rendements à long terme.

Cela peut sembler contre-intuitif, alors laissez-moi expliquer pourquoi les vérifications quotidiennes sont un piège financier :

Le Marché à Court Terme Est Aléatoire

Si vous regardez le marché boursier sur 20 ans, c'est une belle ligne ascendante (même avec quelques replis terrifiants). Si vous regardez le marché sur 20 minutes, c'est un désordre chaotique et insensé dirigé par des algorithmes, des rumeurs et des paniques momentané.

Lorsque vous vérifiez votre portefeuille quotidiennement, vous vous concentrez entièrement sur le bruit. Vous amplifiez les minuscules fluctuations quotidiennes insignifiantes. Une chute de 1 % de la valeur de votre portefeuille peut vous faire sentir horrible et déclencher une réponse émotionnelle comme, "Oh non, je dois vendre avant que cela ne s'aggrave !"

C'est le principal moyen par lequel les investisseurs perdent de l'argent : en vendant de bons investissements pendant des baisses temporaires.

LE MYTHE DU DAY TRADING

De nombreux nouveaux investisseurs—surtout les jeunes férus de technologie—se laissent emporter par l'excitation du day trading (acheter et vendre des actions rapidement dans la même journée ou la même semaine). Ils voient quelques victoires et pensent qu'ils peuvent battre le marché.

La réalité statistique est brutale : Plus de 90 % des day traders perdent de l'argent. Les personnes qui gagnent de l'argent sont les traders institutionnels avec des algorithmes à haute fréquence, des superordinateurs et aucune émotion. Vous arrivez avec un pistolet à billes à une guerre thermonucléaire.

Ce livre parle d'investir—l'acte de posséder une part d'une grande entreprise pendant longtemps. Ce n'est pas du trading—l'acte de deviner dans quelle direction une action va bouger la semaine prochaine.

L'AVANTAGE DU TEMPS

Vous avez l'arme la plus puissante dans le monde financier : le temps. Une chute de 1 % aujourd'hui n'a pas d'importance si votre entreprise croît de 500 % au cours des 15 prochaines années.

Votre stratégie doit être ennuyeuse :

1. Recherchez approfondiment (en utilisant les étapes ci-dessus).

2. Achetez régulièrement de grandes entreprises ou des fonds larges (lissage des coûts d'achat, que nous aborderons bientôt).

3. Ignorez le drame du jour au lendemain.

Nous vous recommandons de vérifier votre portefeuille mensuellement, ou mieux encore, trimestriellement. Cela vous permet de vérifier pour une rééquilibration (vous assurer que vos ratios n'ont pas changé trop) et d'évaluer la performance à long terme, pas le bruit à court terme.

Rappelez-vous : Le marché boursier est conçu pour transférer la richesse des impatients aux patients. Soyez patient.

VOTRE ARME SECRÈTE : TRANSFORMER VOS HABITUDES QUOTIDIENNES (JEUX VIDÉO, STREAMING, SHOPPING) EN PROFITS D'INVESTISSEMENT

Wall Street est une chambre d'écho. Elle est remplie de personnes qui vivent souvent dans une bulle, analysant des feuilles de calcul tout en ignorant les changements culturels qui se produisent juste à l'extérieur de leurs fenêtres soigneusement polies. Ils passent des semaines à chercher si un nouveau produit est un succès, à scruter des rapports consommateurs et à essayer d'interviewer des « experts ».

Mais vous ? Vous savez déjà.

Votre vie quotidienne—les applications que vous utilisez, les vêtements que vous achetez, les jeux que vous diffusez, les services sur lesquels vous vous appuyez pour procrastiner sur vos devoirs—est l'outil de recherche de marché le plus rapide et le plus puissant disponible. Vous êtes l'adoptant précoce. Vous êtes le consommateur principal. Vous êtes, en effet, un initié.

Votre arme secrète en tant que jeune investisseur est d'exploiter cette connaissance pour repérer des entreprises gagnantes avant que l'établissement ne s'en aperçoive.

Le pipeline du consommateur à l'investisseur

Devenir un investisseur avisé ne signifie pas mémoriser les rapports trimestriels ; cela signifie poser trois questions simples chaque fois que vous rencontrez un produit ou un service que vous aimez :

1. Est-ce que cela fonctionne ? (Tout le monde en parle-t-il ? Mes amis l'utilisent-ils constamment ?)

2. Est-ce que c'est accrocheur ? (Est-ce une tendance éphémère, ou est-ce quelque chose dont je dépends maintenant ? Par exemple, acheter une paire de chaussures tendance est une mode ; avoir besoin de Microsoft Office ou d'Amazon Prime est accrocheur.)

3. Qui est payé ? (Quelle entreprise cotée possède ce produit ou ce service ?)

Ce processus transforme la consommation passive en analyse active.

Jeux vidéo : Analyser l'or des micro-transactions

Examinons le secteur du jeu vidéo. Un analyste traditionnel pourrait voir un compte de résultats d'un développeur massif comme Electronic Arts (EA) ou Take-Two Interactive (TTWO). Ils voient des revenus élevés, mais ils ne comprennent pas pourquoi.

Vous savez pourquoi. Vous connaissez la différence entre un jeu qui s'estompe après son lancement et un jeu qui domine l'écosystème pendant des années grâce à des mises à jour de contenu continues et, surtout, à des micro-transactions.

Si un jeu réussit à vendre des objets numériques — des skins, des passes de combat, du contenu saisonnier — ce n'est pas simplement "de l'argent supplémentaire" ; c'est du profit pur avec un coût de fabrication minimal. Lorsque vous voyez tous vos amis prêts à débourser 10 $ pour un nouveau skin de personnage dans un jeu gratuit, vous ne regardez pas seulement un achat impulsif ; vous assistez à un flux de revenus récurrents fiable.

Étape d'action : Au lieu d'acheter simplement le skin, identifiez la société mère et recherchez son action. Les chiffres des revenus augmentent-ils grâce à ce modèle de monétisation très réussi ? Si la réponse est oui, vous avez repéré une machine à profits.

Achats et tendances : Le pouvoir du statut

Regardez les biens physiques que vous et vos pairs privilégiez. Au milieu des années 2010, les analystes étaient sceptiques à l'égard de Lululemon (LULU), le qualifiant de marque de niche pour les amateurs de yoga. Mais les jeunes consommateurs savaient mieux. Ils comprenaient que la marque devenait un symbole de statut, générant des marges élevées. Les vêtements sont devenus omniprésents — une déclaration de mode adoptée par des lycéens et des étudiants dans tout le pays. Ceux qui ont investi tôt sur la base de cette observation des consommateurs immédiate ont vu des retours massifs.

Il en va de même aujourd'hui. Quelles marques dominent les couloirs de votre école ? Sont-elles des entreprises durables ? Utilisent-elles la technologie de manière efficace ? Sont-elles constamment en rupture de stock ? Ce ne sont pas des événements aléatoires ; ce sont des indicateurs clés de la demande qui se traduit directement par des prix d'actions élevés.

Streaming et l'économie de l'attention

La bataille pour votre attention est le plus grand jeu dans les médias, et elle est disputée par les plus grandes entreprises du monde : Disney (DIS), Netflix (NFLX), Amazon (AMZN), et d'autres.

Si vous observez que tout le monde que vous connaissez annule un grand service de streaming parce que le contenu est obsolète, ou s'ils s'inscrivent tous à une nouvelle plateforme de niche qui bat la concurrence, c'est une donnée d'investissement cruciale.

À la fin des années 2010, de nombreux adolescents ont complètement migré leur consommation de divertissement de la télévision par câble vers des plateformes comme Netflix et YouTube. Wall Street a fini par rattraper son retard, mais les personnes qui ont vécu ce changement — les consommateurs — avaient la vue la plus claire sur l'ampleur de cette transformation.

La règle d'or de l'investissement consommateur

Utilisez votre expérience pour identifier les entreprises qui résolvent les problèmes modernes mieux que leurs concurrents. Demandez-vous :

1. Quelles applications j'ouvre quotidiennement et dont je dépends absolument ? (Cela pourrait être Microsoft, Google, ou une petite entreprise de logiciels.)

2. Quels produits sont si bien conçus que les gens sont prêts à payer un prix premium ? (Pensez à Apple ou à certaines marques de baskets haut de gamme.)

3. Quels services rendent ma vie plus facile ou plus divertissante et semblent n'avoir aucun remplacement viable ? (Cela inclut souvent le stockage en nuage, les processeurs de paiement ou les géants logistiques.)

Lorsque vous identifiez une entreprise qui domine avec succès une habitude dans votre vie quotidienne, vous avez trouvé un potentiel vainqueur à long terme. La prochaine étape, que nous allons explorer dans la section suivante, consiste à appliquer des métriques d'évaluation simples pour confirmer si le prix de l'entreprise correspond à sa puissance évidente.

Vous n'avez pas besoin d'être un expert en finance pour repérer un produit réussi ; vous devez simplement être un consommateur avisé. Votre devoir n'est pas un manuel ; c'est votre vie quotidienne. Commencez à faire attention à qui récolte l'argent chaque fois que vous cliquez, diffusez ou achetez.

LE TEST D'ÉVALUATION DE 30 SECONDES : SAVOIR INSTANTANÉMENT SI UNE ACTION EST 'EN SOLDE' OU EXTRÊMEMENT SURÉVALUÉE

Vous avez appris à identifier des entreprises qui réussissent — des entreprises qui fabriquent des produits que vous aimez et qui ont un avantage concurrentiel. C'est la première étape.

La seconde étape, celle qui sépare les investisseurs intelligents des dupes, consiste à déterminer si l'action de cette entreprise vaut réellement son prix actuellement. Vous ne paieriez pas 500 $ pour une console de jeu qui coûte 200 $ partout ailleurs, n'est-ce pas ? Pourtant, cela se produit tous les jours sur le marché boursier. Les gens paient trop cher pour de grandes entreprises simplement parce qu'elles sont populaires.

Pour éviter cela, vous avez besoin de l'outil le plus important dans l'analyse boursière de base : le ratio Cours/Bénéfice, ou P/E.

Qu'est-ce que le ratio P/E ?

Le ratio P/E est votre test d'évaluation de 30 secondes. Il vous dit exactement combien les investisseurs sont prêts à payer pour chaque dollar de profit annuel qu'une entreprise génère. Il est calculé de manière simple :

Ratio P/E = Prix de l'action / Bénéfice par action (EPS)

Pensez-y de cette façon : Le ratio P/E demande, "Combien d'années de profit actuel de cette entreprise suis-je en train de payer en ce moment ?"

Si l'action d'une entreprise se négocie à 100 $ par action, et qu'elle a réalisé 5 $ de profit net (bénéfice) par action au cours de l'année dernière, le ratio P/E est de 20 (100 $ / 5 $ = 20).

Cela signifie que vous payez essentiellement 20 années de profit actuel pour cette seule action.

Le test instantané est simple : Plus le chiffre P/E est bas, moins l'action est chère par rapport à ses bénéfices actuels. Plus le chiffre P/E est élevé, plus elle est chère par rapport à ses bénéfices actuels.

Lorsque l'action est extrêmement surévaluée (P/E élevé)

Si vous voyez une action avec un ratio P/E de 50, 80, ou même 100, vous regardez une action très chère. Mais pourquoi quelqu'un paierait-il 100 fois le bénéfice annuel de l'entreprise ?

La réponse est l'espoir futur.

Les entreprises avec des ratios P/E élevés sont généralement des actions à forte croissance (comme certaines entreprises technologiques ou biotechnologiques en plein essor). Le marché ne paie pas pour ce que l'entreprise a fait l'année dernière ; il parie massivement sur ce que l'entreprise fera dans cinq ou dix ans. Ils s'attendent à ce que les bénéfices doublent ou triplent très rapidement, ce qui rend ce P/E de 100 ressemblant à un P/E de 30 avec le recul.

C'est là que le risque est le plus élevé. Si l'entreprise ne parvient pas à réaliser cette croissance explosive, le prix de l'action s'effondre immédiatement parce que l'évaluation était basée uniquement sur un optimisme extrême.

Exemple : Si une nouvelle entreprise d'IA tendance a un P/E de 90, cela signifie que les investisseurs paient une énorme "taxe de mode" sur l'hypothèse que l'IA prendra le contrôle du monde.

Lorsque l'action est 'en solde' (P/E bas)

Si vous trouvez une entreprise solide et stable avec un ratio P/E inférieur à 15 (parfois même inférieur à 10), cela suggère que l'action se négocie à bas prix par rapport à son flux de trésorerie actuel. Ces entreprises sont souvent appelées « actions de valeur ».

Ces entreprises sont généralement des affaires matures et établies — grandes banques, entreprises de services publics ou grandes entreprises de fabrication. On ne s'attend pas à ce qu'elles croissent de 50 % d'une année sur l'autre, mais elles génèrent des bénéfices fiables. Lorsque vous achetez une action à bas P/E, vous achetez beaucoup de bénéfices réels et éprouvés pour un prix relativement bas.

Cela offre une marge de sécurité. Si l'entreprise se négocie à 10 fois ses bénéfices (P/E de 10), même si le marché devient volatil, le prix est moins susceptible de s'effondrer car les bénéfices sous-jacents sont réels et constants.

Utilisation correcte du P/E : Le contexte est roi

Bien que le ratio C/B soit le test ultime de 30 secondes, vous devez l'utiliser dans son contexte. Vous ne pouvez pas comparer une entreprise de services publics (stable, faible croissance) avec un C/B de 12 à une entreprise de streaming (haute croissance, coûts d'expansion élevés) avec un C/B de 60 et conclure que l'entreprise de streaming est "surévaluée." Elles opèrent dans des mondes différents avec des attentes différentes.

Pour utiliser efficacement le test C/B, comparez :

1. Le C/B actuel de l'entreprise à sa moyenne historique de C/B. Est-il moins cher ou plus cher que d'habitude ?

2. Le C/B de l'entreprise au C/B de ses concurrents directs dans le même secteur. Est-il moins cher que ses rivaux directs ?

Si vous trouvez une entreprise que vous aimez qui opère dans un secteur à forte croissance et que son ratio C/B est significativement inférieur à celui de ses pairs, félicitations - vous avez peut-être trouvé un actif qui est actuellement "en solde." Ce métrique rapide vous aide à dépasser l'achat d'un simple nom de marque et vous force à vous concentrer sur les chiffres froids et durs de la rentabilité.

IGNORER 99% DES ACTUALITÉS FINANCIÈRES : LES 4 MOTEURS MACROÉCONOMIQUES CLÉS QUI FONT VRAIMENT BOUGER VOTRE ARGENT

Vous venez de passer des heures à rechercher des ratios C/B et à comprendre quelles entreprises sont fondamentalement solides. Maintenant, vous allumez les actualités financières pour valider vos choix, et immédiatement, le chaos éclate.

Un commentateur criant déclare, "Le marché s'effondre ! Vendez tout !" Un autre animateur prédit un rallye massif basé sur un tweet d'un PDG obscur. L'écran clignote des flèches rouges, des graphiques complexes et des titres qui changent toutes les quatre minutes.

Voici votre arme secrète : Ignorez 99 % de ce bruit.

Si vous investissez à long terme - ce que vous devez absolument faire en tant que jeune investisseur - alors les fluctuations quotidiennes, hebdomadaires, ou même mensuelles du marché sont des distractions. Ce sont des potins, pas de l'information. Essayer de trader en fonction des nouvelles quotidiennes, c'est comme essayer de traverser le pays en regardant constamment dans le rétroviseur.

Au lieu de chasser les gros titres, vous devez comprendre les quatre leviers géants et à mouvement lent qui conduisent vraiment le marché à long terme. Ces moteurs macroéconomiques affectent chaque entreprise, d'Apple à la petite banque régionale, et ils sont les seules nouvelles qui valent la peine d'être suivies quelques fois par an.

Les Quatre Moteurs Macroéconomiques Qui Comptent

Quand vous entendez un rapport financier, demandez-vous : Est-ce lié à l'une des quatre forces fondamentales énumérées ci-dessous ? Si la réponse est non, arrêtez de lire.

1. Taux d'intérêt : Le prix de l'argent

Pensez à l'économie comme à une énorme machine d'emprunt. Les entreprises empruntent de l'argent pour construire de nouvelles usines, embaucher de nouveaux employés et développer de nouveaux produits. Les consommateurs empruntent de l'argent pour acheter des maisons ou des voitures.

Les taux d'intérêt sont le coût de cet emprunt, et ils sont largement contrôlés par les banques centrales, comme la Réserve fédérale (Fed) aux États-Unis.

L'impact :

Bons taux d'intérêt : L'emprunt est bon marché. Les entreprises s'étendent rapidement, ce qui augmente les bénéfices et pousse généralement les prix des actions à la hausse. Cela agit comme un carburant pour le marché.

Hauts taux d'intérêt : L'emprunt est coûteux. Les entreprises ralentissent leur expansion, ce qui peut réduire les bénéfices. La dette devient plus difficile à gérer. Cela freine le marché, entraînant parfois une chute des prix.

Lorsque la Fed parle d'augmenter ou de baisser les taux, tout le marché fait attention, car elle change l'attraction gravitationnelle de l'économie.

2. Inflation : Le pouvoir d'achat qui se réduit

L'inflation est simplement le taux auquel le coût général des biens et des services augmente, et par conséquent, le pouvoir d'achat de votre dollar diminue. Si l'inflation est de 5 %, cela signifie qu'un billet de cinéma de 10 $ coûtera 10,50 $ l'année prochaine.

L'impact :

Si vous gardez de l'argent sous votre matelas pendant que l'inflation est de 5 %, vous perdez 5 % de votre richesse chaque année. L'inflation est la principale raison pour laquelle l'épargne échoue et pourquoi investir est obligatoire.

Les investisseurs réagissent à l'inflation principalement parce que les banques centrales y réagissent. Si l'inflation est trop élevée, la réponse automatique de la banque centrale est d'augmenter les taux d'intérêt (Moteur 1) pour refroidir l'économie. L'inflation dicte souvent le coût des matières premières et du travail, impactant directement les marges bénéficiaires des entreprises.

3. Développement technologique et social

Bien que les deux premiers moteurs soient économiques, ce troisième moteur concerne l'innovation - le plus grand moteur de création de richesse à long terme. Cela comprend des évolutions technologiques (IA, biotechnologie, technologie spatiale, blockchain) et des changements sociaux fondamentaux (la transition vers les énergies renouvelables, le changement démographique, le télétravail).

L'impact :

Ces développements déterminent quelles entreprises gagnent et quelles entreprises s'éteignent au cours de la prochaine décennie. Avez-vous investi dans des entreprises fabriquant des lecteurs de CD en 2005 ? Oops. Avez-vous investi dans des entreprises de streaming en 2010 ? Félicitations.

En tant qu'adolescent, c'est votre plus grand avantage. Vous comprenez mieux que les analystes de 50 ans de Wall Street les tendances émergentes et les habitudes de consommation. Faites attention à ce que votre génération adopte, car ces entreprises sont les leaders du marché de demain.

4. Santé et stabilité économiques mondiales

Ce moteur englobe l'humeur générale de l'économie mondiale : Sommes-nous dans une période de forte croissance, ou faisons-nous face à une récession ? Y a-t-il un conflit géopolitique majeur (guerre, tarifs douaniers) ou une crise mondiale (comme une pandémie) qui change fondamentalement les chaînes d'approvisionnement et le comportement des consommateurs ?

L'impact :

Lorsque les économies sont saines, l'emploi est élevé, les gens dépensent de l'argent et les bénéfices des entreprises prospèrent. Cela crée un marché haussier (un marché en hausse).

Lorsque la stabilité est menacée (récessions, guerres), la confiance chute. Les consommateurs retirent leurs dépenses, et les investisseurs diminuent leurs risques. Cela cause des marchés baissiers (marchés en baisse).

En tant qu'investisseur à long terme, vous ignorez la peur quotidienne, mais vous faites attention aux changements fondamentaux dans la force économique. Par exemple, savoir si des grandes économies (comme les États-Unis ou la Chine) sont prévues pour entrer en récession vous permet d'anticiper des baisses de bénéfices des entreprises plus larges, mais cela ne doit jamais vous inciter à vendre dans la panique vos actifs de haute qualité à long terme.

Concentrez-vous sur ces quatre courants majeurs. Ils vous racontent l'histoire des cinq à dix prochaines années. Tout le reste n'est que commentaire.

VÉRITÉ CHOCANTE : POURQUOI VÉRIFIER VOTRE PORTEFEUILLE TOUS LES JOURS GARANTIT QUE VOUS PERDREZ DE L'ARGENT

Lorsque vous avez lancé votre compte d'investissement, vous avez peut-être ressenti un rush d'adrénaline. C'est excitant ! Soudain, cet argent que vous avez gagné à empiler des étagères ou à promener des chiens travaille pour vous. Il est naturel de vouloir vérifier votre téléphone toutes les quelques heures pour voir si l'action d'Apple vient de vous acheter une nouvelle paire de écouteurs.

Arrêtez. Posez le téléphone. Supprimez l'icône de l'application si vous en avez besoin.

La vérité choquante sur l'investissement réussi - en particulier pour les jeunes - est que plus vous vérifiez souvent votre portefeuille, plus vous aurez de chances de faire une erreur stupide et émotionnelle et de perdre de l'argent. Vérifier votre portefeuille tous les jours est le moyen le plus rapide de saboter le plus grand avantage que vous ayez : le temps.

Ce livre est votre guide pour devenir un champion de l'accumulation sur plusieurs décennies. Ce n'est absolument pas un guide au day trading.

Pourquoi la surveillance quotidienne est votre ennemie

Pensez à vos investissements comme à la plantation d'une graine dans le jardin. Vous savez que cette graine va devenir un arbre massif au bout de vingt ans. Si vous l'arrachez chaque matin pour voir si les racines se sont étendues de 1/16 de pouce, vous ne l'aidez pas à grandir ; vous la tuez.

Le marché boursier est alimenté par deux choses : la croissance économique à long terme et l'émotion humaine à court terme. Lorsque vous vérifiez le prix chaque heure, vous vous concentrez uniquement sur l'émotion à court terme - le bruit.

La valeur d'une entreprise fantastique comme Google ne change pas réellement parce qu'un fonds spéculatif a vendu un milliard de dollars d'actions à 11h30. Mais lorsque vous voyez cette baisse momentanée reflétée dans votre compte, votre cerveau ne l'enregistre pas comme une fluctuation technique temporaire. Il crie, "PERTE ! VENDRE MAINTENANT !"

Cela s'appelle la vente panique, et c'est l'habitude la plus destructrice qu'un investisseur puisse avoir. Investir est conçu pour récompenser la patience ; la vérification quotidienne est conçue pour récompenser l'impatience.

LE DAY TRADING : LE CHANT DE SIRÈNE DU STRESS

Si vous avez entendu des histoires de gens faisant des milliers de dollars en achetant et en vendant des actions dix fois par jour, vous avez entendu parler du trading à la journée. Cela semble glamour, mais pour 99 % des gens, en particulier les débutants, c'est une voie express vers la perte de capital.

Le trading à la journée nécessite d'énormes quantités de temps, des logiciels spécialisés, une connaissance approfondie du marché et une volonté de fer. C'est un emploi à plein temps. C'est du jeu. Votre objectif, en revanche, est de tirer parti des intérêts composés pour que votre argent travaille pendant que vous êtes en classe, que vous jouez à des jeux vidéo ou que vous dormez.

Votre stratégie est « Fixez-le et oubliez-le » (principalement). La stratégie du trading à la journée est « Fixez l'écran jusqu'à ce que vous deveniez aveugle. » Tenez-vous-en à la stratégie qui vous rend réellement riche sans ruiner votre vie.

Le déclin inévitable : une opportunité, pas une catastrophe

Le marché ne monte pas toujours. Il va descendre. Il va s'effondrer. C'est garanti. Au cours de votre vie d'investisseur, vous verrez plusieurs récessions et crises financières.

Quand cela se produit – quand les nouvelles hurlent à propos d'un « effondrement du marché » et que votre portefeuille est en baisse de 20 % – la tentation de retirer tout votre argent sera immense. Votre cerveau vous dira : « Sortez avant de tout perdre ! »

Mais rappellez-vous ce principe simple : une perte n'est réalisée que lorsque vous vendez.

Quand le marché chute, vos fonds indiciels de qualité et vos entreprises individuelles solides ne deviennent pas soudainement des affaires terribles. Elles deviennent remisées. Elles sont désormais « en solde. »

Si vous aviez prévu d'acheter pour 100 $ d'un fonds S&P 500 chaque mois, et que le prix chute de 15 %, votre contribution de 100 $ vous permet maintenant d'acheter 15 % d'actions de plus. Vous acquérez littéralement plus d'actifs pour le même montant d'argent. C'est ainsi que les investisseurs avisés font fortune. Ils ne paniquent pas ; ils achètent bas.

Si vous vérifiez votre portefeuille chaque jour, vous ressentirez trop fortement la douleur de cette chute de 20 %, et vous vendrez, consolidant votre perte juste avant que la reprise ne commence. Si vous vérifiez trimestriellement, vous voyez la chute, vous la traversez, et vous continuez à acheter à bas prix.

Votre travail en tant que jeune investisseur est simple :

1. Investissez régulièrement (Moyenne des Coûts en Dollar).

2. Investissez dans des actifs de qualité (Fonds indiciels et grandes entreprises).

3. Ne rien faire d'autre.

Limitez-vous à vérifier votre compte une fois par mois, ou mieux encore, une fois par trimestre. Cette patience disciplinée est le secret caché de la richesse à long terme que les bavardages boursiers quotidiens ne révèlent jamais.

CHAPTER FIVE

LA RAMPE DE LANCEMENT DE LA RICHESSE DE 7 JOURS : CONSTRUIRE VOTRE PREMIER PORTEFEUILLE 'FIXEZ-LE ET OUBLIEZ-LE' (JOURS 1 À 3)

Félicitations. Vous l'avez fait. Vous avez l'état d'esprit (Chapitre 1), les compétences en gestion de l'argent (Chapitre 2), la mise en place du compte (Chapitre 3) et la connaissance des actifs existants (Chapitre 4), ainsi qu'un peu de savoir-faire en recherche (Chapitre 5).

Maintenant, il est temps de passer de la théorie à l'action. C'est le moment où vous arrêtez de lire sur l'investissement et commencez réellement à investir.

Les sept jours suivants sont structurés pour vous guider à travers tout le processus de construction, d'exécution et d'automatisation de votre premier portefeuille. Nous allons prendre des décisions qui détermineront le cours de votre avenir financier. Ce chapitre couvre les Jours 1 à 3 – la phase de planification et de sélection. Une fois que vous aurez terminé cela, vous saurez exactement quels actifs acheter et combien d'argent allouer à chacun.

Préparez-vous à construire la machine à richesse.

Jour 1 : Le 'Test de Sommeil' - Découvrir votre véritable appétit pour l'investissement (Pourquoi être jeune signifie que vous pouvez vous permettre d'être imprudent)

Avant d'acheter une seule action, vous devez comprendre votre relation avec le risque.

La plupart des livres sur l'investissement traitent le risque comme un mot à quatre lettres. Ils vous disent d'être prudent, d'être conservateur et de vous en tenir à des actifs ennuyeux. Mais devinez quoi ? La plupart des livres sur l'investissement ne sont pas écrits pour des adolescents de 16 ans ayant un horizon d'investissement couvrant les cinq prochaines décennies.

Votre plus grand superpouvoir financier en ce moment est le temps. Le temps est le grand modérateur de la volatilité du marché. Si le marché boursier tombe de 20 % l'année prochaine, cela fait mal à un adulte qui prévoit de prendre sa retraite dans cinq ans. Mais pour vous ? Cela signifie que tout est en solde, et vous avez 40 ans pour qu'il se redresse—et plus encore.

Par conséquent, votre âge vous permet d'être financièrement « imprudent. » Cela ne signifie pas de jouer votre argent de poche sur des actions de mèmes ; cela signifie embrasser une volatilité plus élevée (et donc, un potentiel de croissance plus élevé) parce que vous avez le temps d'endurer les baisses à court terme.

LE "TEST DE SOMMEIL"

Votre tolérance au risque est simplement le montant de fluctuation du marché que vous pouvez endurer sans paniquer et vendre tout. Nous appelons cela le Test de Sommeil : Si le marché chute de 15 % en une nuit, êtes-vous capable de dormir tranquillement, sachant qu'historiquement, le marché se rétablit toujours et monte ensuite plus haut ? Ou êtes-vous en train de fixer le plafond, prêt à liquider tout à perte ?

Prenez un moment pour évaluer où vous vous situez :

1. Conservateur (Faible Risque) : Vous mettez de l'argent de côté pour quelque chose d'important dans les 1 à 3 prochaines années (par exemple, un paiement spécifique pour l'université, un article coûteux). Vous ne pouvez pas vous permettre de grandes baisses.

Stratégie : Se concentrer fortement sur les obligations, les CD et les fonds indiciels très stables. (Non recommandé pour la plupart des investisseurs adolescents.)

2. Modéré (Risque Moyen) : Vous êtes prêt à voir votre compte baisser de 10-20 % sachant qu'il se rétablira, mais les grandes baisses causent un peu de stress.

Stratégie : Un mélange sain de fonds indiciels larges et un petite allocation à des actions de croissance individuelles. (Le point idéal pour de nombreux débutants.)

3. Aggressif (Haut Risque) : Vous voyez un effondrement du marché comme une occasion d'achat. Vous investissez pour des décennies, et la volatilité à court terme ne vous effraie pas car votre objectif est une croissance maximale à long terme.

Stratégie : Fortement pondéré en fonds indiciels d'actions à forte croissance et une plus grande portion dédiée à des actions individuelles recherchées. (Fortement recommandé pour les investisseurs adolescents qui sont sérieux sur la richesse.)

LE PARAMÈTRE PAR DÉFAUT POUR L'INVESTISSEUR JEUNE

Parce que vous jouez sur le long terme (le jeu de plusieurs décennies), votre paramètre par défaut devrait être Modéré à Aggressif. Vous optimisez pour la croissance, pas pour la stabilité. La stabilité est pour les gens qui ont besoin de liquidités à court terme. Vous accumulez des actifs qui auront le temps de se composer de manière exponentielle.

Le Jour 1 est complet lorsque vous avez honnêtement évalué votre tolérance. Nous construirons le portefeuille basé sur un mandat de Croissance Aggressive : exposition maximale au marché boursier, tempérée par une diversification intelligente.

Jour 2 : Le filet de sécurité à 80 % : Sélectionner les 3 Tickers qui garantissent une croissance pendant des décennies

Bienvenue au Jour 2 : Les Fondations.

Lorsque vous construisez un gratte-ciel, vous ne commencez pas par le penthouse ; vous commencez par une base en béton incassable. Dans votre portefeuille, cette base est constituée de fonds indiciels à bas coût et largement diversifiés.

Cette section, représentant 60 % à 80 % de votre capital d'investissement total, est la partie "Fixez-le et oubliez-le" de votre portefeuille. Votre objectif ici est d'acheter l'économie mondiale, en veillant à ce que, peu importe quelle entreprise unique gagne ou perde, votre portefeuille global en bénéficie toujours.

La clé de votre filet de sécurité est qu'il doit être investi dans quelque chose qui a historiquement moyenné des rendements annuels de 8 % à 10 % au cours du siècle dernier, ce qui est l'ensemble du marché boursier.

Les Trois Piliers de Votre Portefeuille Central

Nous allons diviser votre filet de sécurité central en trois simples catégories larges. Vous n'avez besoin de choisir qu'un seul ticker dans chaque catégorie, et vous êtes fait.

Pilier 1 : Le Titan du Marché Américain (40-50 % du Portefeuille Total)

Ceci est votre participation dans les 500 plus grandes entreprises des États-Unis (le S&P 500). Si Apple, Microsoft, Google et Amazon vont bien, cet investissement va bien. C'est le moteur de création de richesse le plus fiable de l'histoire.

Tickeurs Clés à Rechercher (Recherchez le ratio de dépenses le plus bas) :

VOO (Vanguard S&P 500 ETF)

IVV (iShares Core S&P 500 ETF)

FXAIX (Fidelity 500 Index Fund)

Pilier 2 : Le Total Marché (10-20 % du Portefeuille Total)

Bien que le S&P 500 soit excellent, il manque des entreprises plus petites, potentiellement à plus forte croissance. Le fonds Total Stock Market des États-Unis inclut le S&P 500 ainsi que des milliers d'entreprises de taille moyenne et plus petites, vous offrant une couverture complète de l'économie américaine.

Tickeurs Clés à Rechercher :

VTI (Vanguard Total Stock Market ETF)

ITOT (iShares Core Total US Stock Market ETF)

Pilier 3 : Le Joueur International (10-20 % du Portefeuille Total)

Le monde est un grand endroit, et parfois la meilleure croissance se produit à l'étranger (au Japon, en Allemagne, sur les marchés émergents, etc.). Investir une partie de votre argent ici garantit que si le marché américain traverse une mauvaise décennie, vos investissements internationaux peuvent compenser. C'est une diversification cruciale.

Tickers Clés à Rechercher :

VXUS (Vanguard Total International Stock ETF)

IXUS (iShares Core MSCI Total International Stock ETF)

Pourquoi 80 % Va Ici

Cette fondation vous garantit de participer à la croissance historique et composée du marché tout en minimisant l'effort requis de votre part. Vous n'avez jamais à rechercher ces actions ; vous devez juste faire confiance à la croissance continue de l'économie mondiale au cours des 40 prochaines années. Si vous croyez que l'ingéniosité humaine et le capitalisme vont perdurer, alors ce 80 % est garanti de croître.

Jour 3 : Le Coup de Profit : Comment Identifier 2 'Strikers' à Forte Croissance pour Augmenter Vos Rendements de 25%

Passons maintenant à la partie amusante. Après avoir sécurisé votre fondation de 60 à 80 %, il vous reste 20 à 40 % de votre capital. Nous les appelons vos "Strikers".

Dans un match de football, les défenseurs et le gardien de but sont votre S&P 500—ils sont fiables et empêchent les pertes catastrophiques. Mais les strikers—ce sont ceux qui marquent les buts.

L'objectif de cette partie n'est pas la sécurité ; c'est la surperformance. Vous visez à identifier la prochaine Apple ou Tesla avant qu'elles ne deviennent des noms familiers, ou au moins à identifier les entreprises que vous croyez dominer leur secteur pour la prochaine décennie.

C'est là que vous appliquez les méthodes de recherche du Chapitre 5.

Le Plan Stratégique des Strikers (Allocation de 20-40 %)

Limitez-vous à l'achat de 3 à 5 actions individuelles ou ETF de niche à forte croissance dans cette partie. Tout ce qui dépasse cinq devient trop complexe à suivre, et vous perdez la concentration nécessaire pour des gains massifs.

Étape 1 : Concentrez-vous sur Ce Que Vous Savez (L'Avantage du Consommateur)

Vous vous souvenez du Chapitre 5 ? Utilisez votre perspective en tant que consommateur avisé.

Êtes-vous obsédé par une nouvelle marque direct-to-consumer, une entreprise de jeux ou une plateforme sociale qui a explosé au cours de la dernière année ?

Y a-t-il une entreprise dont le produit est si bon que vous ne pouvez pas imaginer un concurrent voler sa part de marché au cours des cinq prochaines années ? (Pensez aux logiciels, au streaming, à la fabrication de puces.)

Y a-t-il un secteur qui est clairement l'avenir (IA, espace, génomique) et que vous connaissez un fort leader dans cet espace ?

Étape 2 : Appliquez le Test de Valorisation de 30 Secondes (Le Contrôle C/B)

Avant d'acheter, vérifiez rapidement le ratio C/B (Cours/Bénéfice) de l'entreprise.

Si le C/B est extrêmement bas (moins de 10), cela peut signaler une entreprise profondément sous-évaluée, ou cela peut signaler une entreprise mourante. Proceed with caution.

Si le C/B est très élevé (plus de 50), cela signifie que les investisseurs intègrent une énorme croissance future. Acheter ces actions est risqué car si la croissance ralentit même un peu, le prix de l'action peut s'effondrer.

Recherchez des entreprises solides et en croissance avec des ratios C/B raisonnables (15 à 30) qui montrent des augmentations constantes de revenus et de bénéfices.

Étape 3 : Définissez Votre Thèse de Détention

Ne pas acheter une action juste parce que quelqu'un sur Internet vous l'a dit. Vous devez noter (même mentalement) pourquoi vous la détenez. C'est votre Thèse de Détention.

Exemple de Thèse pour une Entreprise de Jeux (GME) : "Je possède cette action parce que je crois que leur PDG a un plan révolutionnaire pour transformer l'entreprise en une plateforme de jeux métavers intégrée à la blockchain qui dominera l'industrie d'ici 2030."

Si votre thèse se casse (par exemple, le PDG démissionne, le plan échoue), alors vous vendez. Si l'action chute de 20 % mais que votre thèse reste solide, vous gardez—ou même vous en achetez davantage.

Cette portion de 20-40 % vous permet de prendre des risques calculés qui pourraient considérablement améliorer vos rendements totaux, vous donnant un avantage sur les investisseurs qui se limitent uniquement aux fonds indiciels. Le Jour 3 est consacré à la sélection de ces potentielles réussites.

Le Bouclier de Fer : Comment Protéger Votre Portefeuille Pour Qu'une Mauvaise Action Ne Vous Élimine Jamais

Félicitations ! Vous avez identifié les joueurs de votre équipe : la défense solide (fonds indiciels) et l'attaque puissante (actions individuelles). Maintenant, nous devons finaliser l'allocation pour créer le Bouclier de Fer—la diversification.

La diversification est la police d'assurance de l'investissement. Cela signifie simplement s'assurer qu'aucun événement, actif ou entreprise unique ne peut ruiner votre avenir financier entier. Vous réalisez la diversification en répartissant votre argent sur différents secteurs, tailles d'entreprises et géographies.

Le Modèle d'Allocation de Portefeuille Initial

Puisque vous êtes jeune et agressif, voici un modèle très efficace et peu exigeant conçu pour une croissance maximale et un entretien minimal :

Le Portefeuille Initial de Croissance Agressive 70/30

Portfolio Slice	**Allocation**	**Purpose**	**Examples (Tickers)**
Broad Market Core	70%	Safety & Guaranteed Growth	VOO, VTI, VXUS (Split among the three)
Individual Strikers	30%	High-Growth Potential	3-5 individual stocks (e.g., tech, clean energy, gaming)

Pourquoi cette allocation fonctionne-t-elle si bien ?

1. Le Poids de la Fiabilité : Même si deux de vos actions individuelles font faillite (et oui, cela pourrait arriver), vous ne perdez qu'une petite fraction de votre capital total. Les 70 % investis dans le large marché absorberont le choc et continueront à composer, ce qui signifie que la santé globale de votre portefeuille reste forte.

2. Contrôle Émotionnel : Si le marché chute, vous savez que la plus grande partie de votre argent est sécurisée dans des fonds indiciels résilients à faible coût. Cela empêche la vente paniquée qui coûte des fortunes aux investisseurs amateurs.

3. Effet de Leverage Temps Maximal : En consacrant 70 % à des actifs en croissance

(toutes des actions, pas encore d'obligations), vous maximisez le potentiel de composition sur des décennies.

La Dernière Étape de Protection : L'Averaging de Coût en Dollar

Nous couvrirons l'exécution dans le Chapitre 7, mais le dernier élément du Bouclier de Fer consiste à décider d'investir régulièrement. Lorsque vous investissez un montant fixe d'argent à intervalles réguliers (disons, 50 $ à chaque paiement), vous pratiquez l'Averaging de Coût en Dollar (ACD).

L'ACD est un Bouclier de Fer car il vous protège de l'erreur émotionnelle de tenter de "temporiser le marché". Vous n'avez pas à deviner si le prix de demain sera plus bas ou plus élevé. Vous achetez quoi qu'il arrive. Si le prix est bas, vous obtenez plus d'actions. Si le prix est élevé, vous en obtenez moins. Sur le long terme, cette approche disciplinée et automatisée surpasse systématiquement ceux qui essaient de deviner les baisses et les hausses.

Vous avez maintenant un plan complet, recherché et évalué en termes de risque. Les Jours 1, 2 et 3 sont terminés. Vous savez d'où vient votre argent et exactement où il va. Dans le prochain chapitre, nous exécutons le plan en configurant l'automatisation et en plaçant ces premières transactions cruciales.

JOUR 1 : LE 'TEST DE SOMMEIL' - DÉCOUVRIR VOTRE VRAI APPÉTIT D'INVESTISSEMENT (POURQUOI ÊTRE JEUNE SIGNIFIE QUE VOUS POUVEZ VOUS PERMETTRE D'ÊTRE IMPRUDENT)

Le pas le plus critique que vous puissiez faire avant de mettre un dollar sur le marché est de déterminer votre "tolérance au risque". Cela semble compliqué, mais c'est en réalité une question très simple : Quelle quantité de volatilité (oscillations à la hausse et à la baisse) pouvez-vous supporter avant de paniquer et de tout vendre ?

Le baromètre ultime pour cela est le "Test de Sommeil". Si vous investissez 100 $ dans une action et que cette action tombe à 70 $ du jour au lendemain, allez-vous perdre le sommeil, ou allez-vous hausser les épaules et vérifier le prix à nouveau la semaine prochaine ? Votre réponse dicte l'ensemble de votre stratégie.

Pourquoi nous concentrons-nous d'abord là-dessus ? Parce que votre âge est le plus grand outil financier que vous posséderez jamais.

L'AVANTAGE ULTIME DES ADOLESCENTS : LA LIBERTÉ D'ÊTRE IMPRUDENT

Lorsqu'un investisseur de 45 ans investit, il pourrait planifier sa retraite dans 20 ans. Si le marché s'effondre de 50 %, c'est une catastrophe. Il a un temps limité pour récupérer, et il a souvent besoin de cet argent relativement bientôt.

Vous ? Vous jouez un jeu de 50 ans.

Si le marché s'effondre de 50 % demain, vous avez des décennies non seulement pour récupérer, mais pour profiter massivement de la reprise. Chaque fois que le marché descend, ce n'est pas une perte ; c'est une vente clearance géante sur les meilleures entreprises du monde. Un investisseur plus âgé pourrait paniquer et vendre ; vous avez le luxe d'acheter plus.

Cet avantage lié à l'âge est la raison pour laquelle les conseillers financiers recommandent universellement aux jeunes investisseurs de maintenir un portefeuille à forte croissance et à haut risque. Vous devriez donner la priorité au potentiel de rendements massifs par rapport à la stabilité à court terme, car le temps garantit la stabilité à long terme.

En bref : vous êtes pratiquement immunisé aux fluctuations du marché à court terme. Vous pouvez vous permettre d'être "téméraire" dans la quête d'une croissance maximale.

Prêt à découvrir votre niveau ? Prenez un stylo ou ouvrez une application de notes et répondez aux questions suivantes. Additionnez vos points à la fin.

LE QUIZ DE L'APPÉTIT D'INVESTISSEMENT

Pour chaque question, choisissez l'énoncé qui représente le mieux vos véritables sentiments, pas ce que vous pensez devoir ressentir.

Question 1 : Quel est le délai principal pour l'argent que vous investissez ?

A. Je pourrais avoir besoin de cet argent dans 2 à 5 ans (par exemple, pour des frais de scolarité, un grand voyage ou une voiture). (1 Point)

B. Je n'ai pas besoin de cet argent pendant 5 à 10 ans, mais j'aimerais le voir croître régulièrement. (2 Points)

C. Je n'ai pas besoin de cet argent pendant plus de 15 ans ; c'est purement pour la constitution de richesse à long terme et la liberté financière. (3 Points)

Question 2 : Imaginez que vous investissez 500 $. Le mois prochain, le marché boursier baisse et la valeur de votre compte tombe à 400 $ (une perte de 20 %). Comment réagissez-vous ?

A. Je me sentirais inquiet, retirerais les 400 $ restants et attendrais que les choses se stabilisent avant d'essayer à nouveau. (1 Point)

B. Je me sentirais frustré, mais je laisserais l'argent tranquille et continuerais à faire mes contributions mensuelles régulières. (2 Points)

C. Je me sentirais excité parce que tout est en soldes. J'essaierais de trouver de l'argent supplémentaire pour doubler ma prochaine contribution d'investissement. (3 Points)

Question 3 : Quel résultat d'investissement vous paraît le plus attrayant ?

A. Un investissement qui rapporte presque certainement 4 % par an, chaque année, mais qui ne perd jamais de valeur. (1 Point)

B. Un investissement qui pourrait rapporter 12 % lors d'une bonne année et perdre 5 % lors d'une mauvaise année, en moyenne 8 % dans le temps. (2 Points)

C. Un investissement qui pourrait potentiellement rapporter 20 % lors d'une bonne année, mais qui pourrait également perdre 20 % lors d'une mauvaise année, en moyenne 10 % dans le temps. (3 Points)

Question 4 : Quelle attention comptez-vous accorder à votre portefeuille ?

A. Je veux vérifier mon relevé de compte tous les jours pour m'assurer que je ne perds pas d'argent. (1 Point)

B. Je vérifierai mon portefeuille une fois par mois pour m'assurer que je continue de contribuer régulièrement. (2 Points)

C. Je prévois de mettre en place des contributions automatiques et d'ignorer le compte pendant 6 à 12 mois à la fois, vérifiant seulement pour rééquilibrer. (3 Points)

Calcul de vos résultats : Votre profil de risque

Calculez vos points totaux et voyez où vous vous situez.

4-5 Points : L'Investisseur Conservateur (La sécurité d'abord)

Votre priorité est la préservation du capital — ne pas perdre d'argent. Bien que cet état d'esprit soit judicieux pour des objectifs à court terme, il est généralement trop prudent pour l'investissement à long terme lorsque vous êtes jeune.

Votre stratégie devrait favoriser massivement les actifs de sécurité de base dont nous discutons le Jour 2 : des fonds indiciels ultra-sécurisés, des obligations et des certificats de dépôt (CD). Vous devriez placer plus de 90 % de votre argent dans des fonds larges pour assurer une stabilité maximale, même si cela signifie une croissance plus lente. Vous êtes prêt à sacrifier des rendements potentiels pour un esprit tranquille.

6-8 Points : L'Investisseur Modéré (Croissance Équilibrée)

C'est une approche saine et courante. Vous êtes prêt à accepter certaines baisses à court terme en échange d'une solide croissance à long terme. Vous reconnaissez que les pertes font partie du jeu, mais vous ne cherchez pas activement les actifs à plus haut risque.

Votre stratégie idéale (que nous développerons le Jour 2 et le Jour 3) est une approche équilibrée : environ 70 % en fonds indiciels larges et fiables, et 30 % alloués à des actions individuelles à plus forte croissance ou à des fonds sectoriels spécifiques (comme la technologie).

9-12 Points : L'Investisseur Aggressif (Maximiser la Croissance)

Félicitations ! Votre tolérance au risque est parfaitement alignée avec votre horizon temporel. Vous comprenez qu'à long terme, les baisses du marché sont des opportunités, pas des catastrophes. Vous vous concentrez entièrement sur la maximisation du rendement total, même si cela signifie connaître une volatilité significative en cours de route.

Votre stratégie devrait être dominée par des véhicules à forte croissance : 60-80 % dans des fonds indiciels fiables, et le reste dédié à des actions de croissance individuelles et à des ETFs de niche agressifs. Vous êtes positionné pour capturer les plus hauts rendements potentiels que le marché offre, en utilisant votre durée d'investissement de plusieurs décennies pour traverser les tempêtes.

Le point essentiel : la grande majorité des investisseurs de moins de 25 ans devraient adopter une stratégie modérée ou agressive. Si votre score était conservateur, c'est tout à fait acceptable — votre "Test de Sommeil" est la mesure la plus importante — mais vous devriez vous défier de suivre d'abord le plan stratégique modéré. Rappelez-vous : vous avez le temps de vous remettre de pratiquement n'importe quelle erreur, mais vous ne pourrez jamais récupérer les rendements que vous auriez pu avoir en étant trop effrayé pour commencer.

JOUR 2 : LE FILET DE SÉCURITÉ À 80 % : SÉLECTIONNER LES 3 TICKERS QUI GARANTISSENT UNE CROISSANCE PENDANT DES DÉCENNIES

Hier, vous avez décidé de combien de risque vous pouviez supporter (beaucoup, puisque vous êtes jeune). Aujourd'hui, nous appliquons le principe le plus crucial de la richesse à long terme : construire un socle d'investissements incroyablement solides et ennuyeux qui promettent une croissance pendant des décennies.

Pensez à votre portefeuille comme à une équipe de super-héros. Vous avez besoin d'un noyau puissant — la fondation fiable qui est toujours là et ne lâche jamais prise. Ce noyau constitue votre Filet de Sécurité à 80 %, et il est constitué exclusivement de fonds indiciels larges et peu coûteux.

Le but ici n'est pas de battre le marché ; le but est de posséder le marché.

Pourquoi 60 % à 80 % ?

Si vous étiez parieur, parieriez-vous sur un seul athlète pour gagner chaque course pendant les 40 prochaines années ? Ou parieriez-vous sur l'ensemble de la ligue ?

En consacrant la majorité de votre capital à des fonds indiciels larges, vous pariez sur le succès à long terme de l'ensemble de l'économie mondiale — le génie collectif de milliers d'entreprises. C'est le pari le plus probable en finance. C'est ce que l'investisseur légendaire Warren Buffett recommande pour presque tout le monde.

Qu'achetons-nous exactement ? Nous achetons deux choses : le marché américain et le marché international.

LA MAGIE DU FONDS INDICIEL

Un fonds indiciel (souvent présenté sous forme d'ETF, ou Fonds Négocié en Bourse) est un panier d'investissements conçu pour refléter la performance d'un indice de marché spécifique. L'indice le plus célèbre est le S&P 500, qui détient 500 des plus grandes et des plus réussies entreprises aux États-Unis (Apple, Microsoft, Google, etc.).

Lorsque vous achetez une seule action d'un ETF S&P 500, vous êtes instantanément investi dans les 500 entreprises. Si Apple a un mauvais trimestre, Netflix ou Amazon pourraient compenser, amortissant toute perte. C'est une diversification immédiate et puissante, et c'est pour cela que les fonds indiciels constituent la base de tout portefeuille intelligent.

L'autre avantage massif est le coût, mesuré par le ratio de dépenses. C'est la faible commission annuelle qu'ils facturent pour gérer le fonds. Les fonds indiciels listés ci-dessous ont des ratios de dépenses si bas (souvent 0,03 %), que vous ne les remarquerez même pas. Ils sont essentiellement gratuits.

Les Trois Tickers Qui Garantissent une Croissance Pendant des Décennies

Votre mission pour le Jour 2 est de rechercher et de sélectionner trois tickers qui constitueront la majorité de votre portefeuille d'investissement. Ce sont les chevaux de trait qui nécessitent zéro attention, mais qui livrent des rendements annuels moyens fiables de 8 à 10 % sur le long terme.

Catégorie 1 : Le Marché Boursier Total des États-Unis (Votre Moteur Principal)

Ce ticker vous permet de posséder instantanément quasiment chaque entreprise cotée en bourse aux États-Unis, grande ou petite. Il vous assure de capturer toute la croissance que l'économie américaine offre. Cela devrait constituer la plus grande partie de votre filet de sécurité (par exemple, 50 % de votre capital total).

OPTION DE TICKER 1 : VTI (ETF Vanguard Total Stock Market)

Pourquoi c'est génial : Ratio de dépenses extrêmement bas (presque gratuit) et détient plus de 3 500 actions différentes. Lorsque quelqu'un dit qu'il est "investi dans le marché", c'est souvent ce qu'il veut dire.

OPTION DE TICKER 2 : VOO (ETF Vanguard S&P 500)

Pourquoi c'est génial : Cela se concentre uniquement sur les 500 plus grandes entreprises, qui sont généralement les plus stables. Historiquement, le S&P 500 a été le plus grand générateur de richesse au monde.

Étape d'Action : Dans votre application de courtage, recherchez soit VTI, soit VOO. Examinez son histoire. Remarquez comment il se remet toujours des baisses et a tendance à augmenter au fil du temps.

Catégorie 2 : Le Marché International (Le Diversificateur Global)

Une erreur courante que font les nouveaux investisseurs est de mettre 100 % de leur argent sur le marché américain. Bien que les États-Unis soient puissants, une véritable diversification signifie posséder des actifs en dehors des frontières américaines également. Parfois, les économies étrangères surpassent les États-Unis, et parfois elles prennent du retard, mais en possédant les deux, vous vous assurez que votre portefeuille ne manque jamais une opportunité.

Ce ticker devrait représenter environ 20 à 30 % de votre capital total.

OPTION DE TICKER 3 : VXUS (Vanguard Total International Stock ETF)

Pourquoi c’est génial : Ce fonds possède des milliers d’actions dans des marchés étrangers développés et émergents, mais exclut les États-Unis. C'est le contrepoids parfait à VTI ou VOO. Cela garantit que si l'économie américaine traverse une période difficile, votre argent investi en Europe, en Asie et dans d'autres régions du monde peut stabiliser vos rendements.

Votre plan d'action du Jour 2 : L'allocation de 80 %

En supposant que vous ayez 500 $ prêts à investir (ou quel que soit votre capital initial), voici comment le Jour 2 se décompose :

1. Engagez-vous à l'allocation de 80 % : Déterminez 80 % de votre capital (par exemple, 400 $ de 500 $). Cet argent sera uniquement investi dans des fonds indiciels.

2. Divisez le gâteau mondial : Répartissez ces 80 % entre les États-Unis et l'international. Un bon point de départ est une répartition de 70/30 dans ce pot.

Répartition d'exemple du portefeuille (Si votre capital de départ total est de 500 $) :

Filet de sécurité (80 % total : 400 $)

4. Marché américain (70 % du filet de sécurité) : 280 $ investis dans VTI ou VOO

5. Marché international (30 % du filet de sécurité) : 120 $ investis dans VXUS

Les 20 % restants (100 $) constituent votre argent "Profit Punch", que nous consacrerons à des actions individuelles à forte croissance demain au Jour 3.

Rappelez-vous : Ce morceau de 80 % est votre argent que vous mettez en place et oubliez. C'est ce qui croitra de manière fiable pendant que vous terminez le lycée, allez à l'université et commencez votre carrière. Ne le consultez pas quotidiennement. Ne vous inquiétez pas pendant les baisses du marché. C'est le moteur ennuyeux mais puissant qui propulse votre richesse à long terme.

JOUR 3 : LE PROFIT PUNCH : COMMENT IDENTIFIER 2 'STRIKERS' À FORTE CROISSANCE POUR AUGMENTER VOS RENDEMENTS DE 25 %

BIENVENUE AU JOUR 3. SI LE JOUR 2 PORTAIT SUR LA CONSTRUCTION DE LA MASSIVE et inébranlable fondation de votre vie financière, le Jour 3 porte sur le fait de donner du carburant-fusée à cette fondation.

Hier, vous avez alloué 60 % à 80 % de votre capital initial dans des fonds indiciels larges et diversifiés – votre ligne défensive, vos gardiens de but et votre milieu de terrain fiable. Ce sont le cœur stable qui garantit la participation à la croissance à long terme de l'économie mondiale.

Aujourd'hui, nous recherchons vos Strikers.

La portion de 20 % à 40 % de votre portefeuille est celle où vous allouez du capital à des actions individuelles dans lesquelles vous pensez avoir un potentiel explosif et révolutionnaire. C'est la portion conçue pour augmenter significativement vos rendements globaux au-delà de la moyenne du marché, ajoutant potentiellement 25 % ou plus à votre richesse à long terme – mais elle présente un profil de risque plus élevé.

Le but ici n'est pas de choisir dix actions. Le but est de choisir deux ou trois entreprises qui, selon vous, domineront leurs industries respectives au cours de la prochaine décennie.

La règle la plus importante lors de la sélection de vos Strikers est le Test de 10 ans.

LE TEST DE 10 ANS : LE SEUL FILTRE DONT VOUS AVEZ BESOIN

Avant de cliquer sur 'acheter' pour une action individuelle, examinez les services de l'entreprise et demandez-vous : "Croyez-vous que cette entreprise sera substantiellement plus grande, plus puissante et plus réussie en 2035 qu'elle ne l'est aujourd'hui ?"

Si la réponse est inférieure à un "Oui" absolu et confiant, alors ce n'est pas un striker pour votre portefeuille. C'est un pari, et nous ne parions pas sur notre avenir.

Pourquoi 10 ans ? Parce que le marché est bruyant. Chaque jour, les analystes crieront à propos d'un nouveau rapport trimestriel, d'augmentations des taux d'intérêt ou de politique mondiale. Tout ce bruit est hors de propos pour vous. Lorsque vous investissez en tant qu'adolescent, vous jouez sur le long terme. Vous pouvez vous permettre d'ignorer le drame quotidien car votre stratégie est basée sur un changement fondamental, pas sur le trading à court terme.

Ce focus à long terme élimine immédiatement la plupart des tendances éphémères, des actions mèmes et des entreprises qui dépendent d'une mode passagère unique (comme une application virale spécifique qui pourrait être oubliée dans deux ans).

Comment transformer votre perspective en profit

C'est ici que vous utilisez les compétences de recherche que nous avons approfondies au Chapitre 5. Vous avez un énorme avantage sur les gérants de fonds spéculatifs de 60 ans : vous êtes le consommateur de demain. Vous savez quels produits sont vraiment accrocheurs, quelle technologie change tout, et quelles entreprises innovent.

Voici les trois étapes pour sélectionner vos Strikers à forte croissance :

1. Identifiez vos domaines de conviction (L'Insight du Consommateur)

Pensez aux produits, services et entreprises avec lesquels vous interagissez chaque semaine qui vous impressionnent et impressionnent vos pairs.

Utilisez-vous constamment un logiciel spécifique pour l'école ou le jeu ? Dépendiez-vous d'une marque particulière de matériel de sport qui semble être partout ? Y a-t-il un service de streaming de niche qui innove plus que les grands acteurs ?

Notez 5 à 10 entreprises qui répondent aux critères suivants :

A. Elles résolvent un vrai problème (ou fournissent un divertissement/service convaincant).

B. Elles ont une base de clients fidèle et croissante (vos amis l'utilisent).

C. Elles semblent nécessaires, pas juste optionnelles.

Par exemple, il y a dix ans, un jeune investisseur aurait pu regarder une entreprise comme Netflix et réaliser : "Tout le monde coupe le câble ; ce modèle d'abonnement est l'avenir." Cette insight, basée sur l'expérience personnelle, aurait été en or. Maintenant, cherchez le prochain Netflix.

2. Exécutez le Test de Valorisation P/E (Est-ce en promotion ?)

Une fois que vous avez une liste restreinte d'entreprises auxquelles vous croyez, vous devez appliquer le Test de Valorisation de 30 secondes (Chapitre 5) pour vous assurer que vous n'achetez pas l'action lorsqu'elle est ridiculement surévaluée.

Une action de croissance aura presque toujours l'air "chère" par rapport à une entreprise de services publics parce que les investisseurs paient pour la croissance future. Mais il y a une différence entre cher et fou.

Si une entreprise augmente ses revenus et sa taille de marché potentielle de manière agressive, un ratio P/E supérieur à 30 pourrait être justifié. Cependant, si une entreprise qui fabrique des chaussures a un ratio P/E de 80, cela suggère que le marché est follement optimiste, et un léger accro à la performance pourrait faire chuter l'action.

Filtrez votre liste en vérifiant le ratio P/E (facilement accessible sur n'importe quelle page de courtage ou site web financier). Si le P/E est nul ou négatif, l'entreprise n'est pas encore rentable. C'est un risque sérieux, mais cela va si vous croyez vraiment que leur produit révolutionne le monde (comme Amazon à ses débuts). Juste comprenez que la rentabilité est essentielle à terme.

3. Alignez-vous sur les tendances macro (Attraper la vague)

Les actions individuelles réussissent lorsque l'ensemble de l'industrie croît. Cela s'appelle 'attraper la vague macro.'

Vos Strikers devraient idéalement opérer dans des domaines garantis pour connaître une croissance explosive au cours de la prochaine décennie, peu importe qui remportera la course politique l'année prochaine. Recherchez une exposition à ces mégatrends :

Intelligence Artificielle (IA) : Entreprises qui fabriquent les puces, les modèles logiciels ou l'infrastructure de base pour l'IA.

La Numérisation de Tout : Entreprises qui transforment des industries physiques (comme la finance, la santé ou la logistique) en plateformes purement numériques et efficaces.

Transition Énergétique Propre : Fabricants de batteries, fournisseurs d'infrastructure, ou entreprises consacrées à réduire leur empreinte carbone.

Gaming de Nouvelle Génération/Metavers : Plates-formes et fournisseurs matériels pour des expériences numériques immersives.

Lorsque vous investissez dans une entreprise qui chevauche l'une de ces vagues massives, vous bénéficiez non seulement du succès de cette entreprise, mais aussi du vent arrière du progrès mondial.

La Stratégie d'Allocation Striker

Pour votre portefeuille de départ, ne consacrez pas plus de 40 % de votre argent à ces actions individuelles à forte conviction.

Si vous débutez avec 500 $, cela signifie que 100 $ à 200 $ devraient aller vers 2 à 4 Strikers individuels. Gardez le nombre petit afin que vous puissiez les surveiller et comprendre leur modèle commercial en profondeur.

Exemple d'allocation (Stratégie Aggressive pour les Adolescents) :

70 % Fonds Indiciel (S&P 500/Total Market ETF)

30 % Actions Individuelles (3 entreprises auxquelles vous croyez réellement qu'elles prospéreront dans plus de 10 ans)

Pourquoi seulement 30 % ? Parce que si l'une de ces actions individuelles échoue (ce qui arrive tout le temps, même aux meilleurs investisseurs), la fondation de 70 % amortira le choc. Vous participerez toujours à la hausse générale du marché, minimisant l'impact de vos erreurs inévitables.

Cette structure vous permet de prendre des risques calculés sans compromettre vos objectifs à long terme. Vos Strikers sont votre chance de gains exponentiels, mais vos Fonds Indiciel sont votre garantie que vous restez dans le jeu.

Le Bouclier de Fer : Comment Protéger Votre Portefeuille De Façon à Ce Qu'une Mauvaise Action Ne Vous Détruise Jamais

Si le marché était un jeu, la diversification serait le code de triche pour l'invincibilité.

Vous avez passé des jours à identifier l'argent que vous pouvez investir, à établir le bon compte et à cibler les entreprises dont vous pensez qu'elles prospéreront. Vous avez vos fonds indiciels de base et vos "strikers" individuels. Mais que se passe-t-il si l'un de ces strikers est frappé par un scandale, une défaillance catastrophique de produit, ou simplement fait faillite ?

Si 100 % de votre capital était en jeu dans cette seule action, vous seriez anéanti. Fin de la partie.

C'est le risque catastrophique que la diversification—le Bouclier de Fer—est conçue pour prévenir.

La sagesse ancienne est toujours la meilleure : Ne mettez jamais tous vos œufs dans le même panier. Si le panier bascule, tous les œufs se cassent. En termes d'investissement, si vous placez tout votre argent dans une seule action (disons, une nouvelle entreprise de jeu populaire), et que cette entreprise sort un flop ou est rachetée pour des cacahuètes, votre portefeuille n'a pas de filet de sécurité.

La diversification est l'acte de répandre vos œufs d'investissement sur tant de paniers différents (entreprises, secteurs et types d'actifs) que si un panier bascule, la perte n'est qu'un inconvénient, pas un événement de niveau extinction. Comme vous êtes encore jeune et avez des décennies pour que votre argent croisse, votre stratégie de diversification peut être simple et très efficace.

Le but de votre Bouclier de Fer est double :

1. Garantir que vous captiez les rendements de l'ensemble de l'économie mondiale (l'argent sûr et ennuyeux).

2. Limiter les dommages qu'une mauvaise décision peut infliger à l'ensemble de votre avenir financier.

L'approche Cœur et Satellite

Pour les investisseurs débutants, nous recommandons l'approche Cœur et Satellite, un modèle simple qui dicte exactement où va votre argent.

Votre portefeuille est divisé en deux parties distinctes :

1. LE CŒUR (Le Bouclier de Fer) : 70 % à 80 % de votre capital total investi.

2. LE SATELLITE (Le Coup de Profit) : 20 % à 30 % de votre capital total investi.

Décomposons comment cela vous protège :

Allocation pour la Sécurité (Le Cœur : 70 % - 80 %)

C'est là où va la majorité de votre argent, et il est réservé exclusivement aux fonds indiciels à bas coût ou aux ETFs (Fonds Négociés en Bourse) largement diversifiés.

Pourquoi autant ici ? Parce que ces fonds sont déjà diversifiés pour vous. Un fonds S&P 500, par exemple, est un seul symbole qui détient des petites parts de 500 entreprises américaines différentes dans tous les secteurs : technologie, santé, finance, biens de consommation, etc. Si une entreprise échoue, 499 autres sont là pour maintenir le fonds à flot.

Les 70-80 % dédiés au Cœur servent de Bouclier de Fer. Cet argent est conçu pour suivre la croissance générale de l'économie. Il est stable, prévisible (à long terme), et surtout, il minimise votre exposition initiale au risque. Vous pariez sur le marché dans son ensemble, qui a toujours fini par augmenter.

Allocation pour la Croissance (Le Satellite : 20 % - 30 %)

Cette plus petite portion est dédiée aux actifs à plus haut risque, à plus grande récompense : vos actions individuelles. Ce sont les 2-5 entreprises que vous avez étudiées en profondeur, celles que vous croyez avoir un potentiel de croissance de 5x ou 10x.

C'est l'argent plaisir, l'argent agressif, mais il est délibérément réduit. Si votre action Netflix double en un an, vous obtenez un grand coup de pouce à votre rendement global. Mais si cette action est complètement dévastée et chute de 90 %, cela n'affecte qu'une infime partie de votre portefeuille.

Faisons les mathématiques sur la protection dans le pire des cas :

Imaginez que vous avez investi 1 000 $.

700 $ (70 %) sont allés dans un Fonds Indiciel S&P 500 diversifié.

300 $ (30 %) ont été répartis également sur trois actions individuelles (A, B, C) à 100 $ chacune.

Scénario : L'Action A (un striker à forte croissance) déclare faillite et perd 100 % de sa valeur.

Perte : 100 $.

Valeur Totale du Portefeuille : 1 000 $ - 100 $ = 900 $.

Perte Totale du Portefeuille : Seulement 10 %.

Le Bouclier de Fer a tenu bon. Même si l'un de vos choix a complètement disparu, 90 % de votre capital reste intact et est toujours positionné pour bénéficier de la trajectoire ascendante à long terme du marché.

Si, au contraire, vous aviez été assez imprudent pour mettre 1 000 $ uniquement dans l'Action A, votre portefeuille serait à zéro.

Le Bouclier de Fer garantit que peu importe à quel point vous pensez que votre choix d'action est intelligent, vous ne pariez jamais votre avenir entier dessus. Ce modèle d'allocation est le moyen le plus simple et efficace de combiner la sécurité fiable de l'investissement indiciel avec le potentiel excitant de la recherche sur des entreprises individuelles.

CHAPTER SIX

—★-★-★—

AUTOMATISATION ET EXÉCUTION : FAIRE BOUGER VOTRE ARGENT SANS QUE VOUS LEVIEZ LE PETIT DOIGT (JOURS 4-7)

Nous avons passé les premiers jours de ce programme à construire le portefeuille théorique parfait, à identifier des ETFs à bas coût, et à sélectionner quelques actions individuelles performantes. Il est maintenant temps de passer à la phase d'exécution—le moment où vous remettez réellement votre argent et commencez à posséder une part de l'avenir. C'est là que la réalité entre en jeu, et heureusement, la technologie moderne de courtage a rendu ce processus incroyablement facile, éliminant les paperasses confuses et les systèmes complexes du passé.

Le but des quatre prochains jours (Jours 4 à 7) est triple : Premièrement, effectuer l'achat initial de manière efficace et peu coûteuse. Deuxièmement, automatiser tout le système pour que vous n'ayez plus jamais à y penser. Troisièmement, développer la discipline mentale nécessaire pour survivre au chaos du marché.

JOUR 4 : L'AVANTAGE DES ACTIONS FRACTIONNAIRES : COMMENT ACHETER DES ACTIONS GOOGLE MÊME SI VOUS N'AVEZ QUE 10 $

Dans le passé, si vous vouliez acheter des actions d'une entreprise majeure—par exemple, Google (Alphabet) ou Amazon—vous étiez malchanceux à moins d'avoir des centaines, parfois des milliers de dollars juste pour acheter une seule action. Cela a créé une énorme barrière pour les jeunes investisseurs.

Entrez : L'Avantage des Actions Fractionnaires.

La plupart des courtiers modernes, adaptés aux adolescents (ceux dont nous avons parlé au Chapitre 3), proposent désormais des actions fractionnaires. Cela signifie que vous n'avez pas besoin d'acheter une action entière ; vous pouvez acheter une fraction d'une, en fonction du montant en dollars que vous spécifiez.

Par exemple, si une action d'Amazon coûte 150 $, mais que vous n'avez alloué que 50 $ à cette action, vous pouvez demander à votre courtier d'acheter pour 50 $ d'Amazon. Ils vous donneront simplement 0.333 actions. Vous êtes maintenant officiellement propriétaire, sans avoir besoin d'un énorme coussin de liquidités. C'est la fonctionnalité qui rend la diversification possible même si vous commencez avec seulement 100 $.

Passer Votre Première Commande : Marché vs. Limite

Lorsque vous allez appuyer sur le bouton "Acheter", on vous demandera de sélectionner votre "Type de Commande." Ne vous inquiétez pas ; ce n'est pas du calcul complexe. Il y a deux types principaux que vous devez connaître :

1. Ordre de Marché : C'est le choix le plus courant et le plus simple. Vous dites au courtier : "Achetez cette action ou cet ETF maintenant au prix du marché actuel." Étant donné que les prix fluctuent constamment, vous pourriez payer légèrement plus ou légèrement moins que le prix que vous avez vu 30 secondes auparavant, mais pour les fonds larges et les investissements à long terme, la différence est négligeable.

Quand l'utiliser : Presque toujours. Utilisez-le pour vos grands achats de fonds indiciels (le filet de sécurité de 80 %) et généralement pour les actions individuelles que vous êtes à l'aise de conserver pendant des années.

2. Ordre Limite : C'est là où vous définissez un plafond de prix. Vous dites au courtier : "Je veux acheter 10 actions de cette société, mais seulement si le prix descend à X $ ou moins." L'ordre attendra que l'action atteigne ce prix, et s'il ne le fait jamais, l'ordre expire sans être exécuté.

Quand l'utiliser : Lors de l'achat d'actions individuelles et vous pensez que le prix actuel est légèrement trop élevé, ou si vous essayez de profiter d'un plongeon du marché. Pour les débutants, cependant, restez avec des Ordres de Marché pour garder les choses simples et garantir que votre capital soit investi immédiatement.

Liste de Contrôle d'Exécution Étape par Étape (Jour 4)

1. Connectez-vous à votre compte de courtage (qui doit être entièrement financé).
2. Recherchez le symbole boursier de votre ETF de base choisi (par exemple, VOO ou IVV).
3. Sélectionnez "Trade" ou "Acheter".
4. Sélectionnez "Ordre de marché".
5. Au lieu d'entrer le nombre d'actions, changez l'entrée en "Montant en dollars".
6. Entrez 60-80 % de votre capital total (comme prévu au Jour 2).
7. Cliquez sur "Réviser la commande" puis "Soumettre".

8. Répétez le processus pour votre ETF international (si applicable).

9. Répétez le processus pour vos 2-3 actions à forte croissance individuelles (le Profit Punch du Jour 3), en allouant le capital restant en utilisant des actions fractionnaires.

Félicitations. Vous avez exécuté vos premières transactions. Vous êtes maintenant officiellement propriétaire.

LA MACHINE D'AVERAGING PAR COÛT EN DOLLAR™ : VOTRE STRATÉGIE DE PILOTE AUTOMATIQUE QUI VAINC L'ANXIÉTÉ DU MARCHÉ

Si le Jour 4 était consacré au lancement initial, les Jours 5 et 6 concernent la construction du système de pilote automatique.

Imaginez que vous essayez de frapper une cible en mouvement dans le noir. C'est ce que ressentent les gens lorsqu'ils essaient de "chronométrer le marché" : ils essaient d'acheter des actions uniquement lorsqu'elles sont à leur prix le plus bas. Cela est impossible. Même les investisseurs professionnels avec des équipes d'analystes ne peuvent pas prédire le plus bas du marché de manière cohérente.

L'alternative, et la norme d'or pour les investisseurs à long terme, est l'Averaging par Coût en Dollar (DCA).

Le DCA est simple : au lieu d'essayer de déverser une grosse somme d'argent sur le marché d'un seul coup, vous investissez un montant fixe d'argent à intervalles réguliers, peu importe que le marché soit haut ou bas.

Pourquoi le DCA est le Hack Ultime pour les Investisseurs Adolescents

1. Il élimine l'émotion : vous supprimez les conjectures et l'anxiété qui viennent avec le choix du moment pour investir. Si vous êtes payé le 15 et le 30 du mois, votre argent est investi le 16 et le 1er. Aucune analyse requise.

2. Il impose la discipline : vous obéissez automatiquement à la règle "Payez-vous d'abord" (Chapitre 2). Si l'argent est déplacé automatiquement vers votre courtage, vous ne pouvez pas le dépenser pour des choses futiles.

3. Il achète plus lorsque les prix sont bas : c'est le génie du DCA. Lorsque le marché est haut, vos 100 $ achètent moins d'actions. Lorsque le marché baisse (ce qui arrive toujours parfois), vos mêmes 100 $ achètent plus d'actions. Au fil du temps, cela maintient votre coût moyen bas, ce qui augmente votre rendement global de manière significative.

Construire Votre Machine DCA (Jours 5 et 6)

Le processus implique la mise en place de deux transferts automatiques :

Étape 1 : Dépôt Automatique

Configurez un transfert récurrent depuis votre compte courant ou d'épargne (celui où atterrit votre argent de poche ou votre salaire) directement dans votre compte de courtage.

Fréquence : Alignez cela avec votre flux de trésorerie. Si vous êtes payé toutes les deux semaines, configurez un dépôt bi-hebdomadaire.

Montant : Réglez cela au montant d'investissement disponible que vous avez calculé dans le Chapitre 2. Commencez petit si vous devez, mais soyez cohérent. Même 50 $ toutes les deux semaines s'accumulent à 1 300 $ par an - et cet argent commence immédiatement à composer.

Étape 2 : Investir Automatiquement

Cette étape se déroule entièrement sur la plateforme de courtage. Vous indiquez au courtier quels actifs acheter automatiquement avec l'argent qui arrive.

Configurez des achats récurrents pour vos ETF de base (par exemple, 40 $ de VOO chaque fois que l'argent arrive).

Configurez des achats récurrents pour vos actions individuelles, en utilisant la fonctionnalité d'actions fractionnaires (par exemple, 10 $ de Tesla chaque fois que l'argent arrive).

Une fois que ces deux systèmes sont en place, votre travail est essentiellement terminé. Vous avez construit une machine de richesse perpétuelle qui se nourrit elle-même. Vous ne faites plus de trading ; vous accumulez simplement des participations dans les meilleures entreprises du monde, automatiquement, perpétuellement et sans l'anxiété de tenter de deviner le prochain mouvement du marché.

LE CONTRÔLE TRIMESTRIEL DU PORTEFEUILLE : LES SEULEMENT 15 MINUTES PAR MOIS QUE VOUS DEVEZ CONSACRER À LA RICHESSE

Si vous avez réussi à mettre en œuvre le DCA, vous ne devriez pas vérifier obsessionnellement votre portefeuille. Vous vous souvenez de la vérité choquante du Chapitre 5 ? Vérifier quotidiennement garantit que vous perdrez de l'argent - pas financièrement, mais émotionnellement, vous amenant à prendre des décisions hâtives.

Au lieu de cela, nous adoptons l'approche disciplinée et minimaliste du Contrôle Trimestriel.

Vous n'avez besoin que de 15 minutes tous les trois mois pour effectuer un entretien essentiel. Considérez cela comme un changement d'huile pour votre machine de richesse.

1. Passez en revue votre performance (Le Test de Référence)

Lorsque vous consultez votre relevé de compte, ne vous concentrez pas sur la valeur totale en dollars (qui sera volatile). Concentrez-vous sur le rendement en pourcentage.

Ensuite, comparez votre rendement à la référence. Puisque le S&P 500 (symbole VOO ou SPY) est la moyenne générale du marché, c'est votre référence.

Si votre portefeuille a généré 7 % et que le S&P 500 a généré 8 %, vous avez légèrement sous-performé le marché. C'est acceptable, mais cela confirme que vos fonds indiciels fortement pondérés font le gros du travail, et peut-être que vos choix d'actions individuelles ne sont pas à la hausse.

Si votre portefeuille a généré 10 % et que le S&P 500 a généré 8 %, félicitations - vous surperformez le marché !

L'important ici est de ne pas vous culpabiliser pour des rendements à court terme, mais de vérifier que votre portefeuille fonctionne. Si vous êtes à la traîne par rapport à la référence année après année, cela signifie que vous avez probablement trop d'argent dans des actions individuelles à faible performance ou que vous vous êtes éloigné de votre stratégie de fonds indiciels de base.

2. Rééquilibrage : Retour aux Ratios

Lorsque nous avons commencé (Chapitre 6), nous avons décidé d'une allocation spécifique - disons, 70 % de fonds indiciels à faible coût et 30 % d'actions individuelles à forte croissance.

Au fil du temps, ces poids vont changer. Si vos actions à forte croissance (les 30 %) ont connu une année exceptionnelle, elles pourraient maintenant représenter 40 % de la valeur totale de votre portefeuille.

Bien que cela semble super, cela signifie que votre portefeuille est maintenant plus risqué que prévu. Vous devez rééquilibrer.

Rééquilibrer signifie vendre des actifs qui ont bien performé et utiliser cet argent pour acheter des actifs qui sont à la traîne, vous ramenant à votre allocation cible (70/30).

Exemple : Vos actions technologiques ont décollé, poussant votre poids d'actions individuelles de 30 % à 40 %. Vous devez vendre suffisamment d'actions pour libérer du capital et utiliser cet argent pour acheter plus de vos fonds indiciels de base, revenant ainsi le portefeuille à 70/30.

Cela semble contre-intuitif - pourquoi vendre vos gagnants ? Parce que le rééquilibrage est un outil de gestion des risques. Cela vous oblige à vendre haut et acheter bas, et cela garantit qu'aucune classe d'actifs (même un gagnant) ne prend trop d'espace et ne vous expose à un risque inutile si cette action s'effondre soudainement.

AVERTISSEMENT : LORSQUE LE MARCHÉ S'EFFONDRE, FAITES CECI (LE MOUVEMENT CONTRE-INTUITIF QUI VOUS REND PLUS RICHE)

La dernière discipline requise pour l'investisseur à long terme est le contrôle émotionnel. Des jours, des mois, ou peut-être un an après avoir commencé à investir, les gros titres deviendront laids. Les présentateurs de nouvelles financières vont paniquer. Vos amis diront qu'ils "perdent de l'argent". Le marché boursier subira une "correction" (une baisse de 10 % ou plus) ou un "crash" complet (une baisse de 20 % ou plus).

Cela est inévitable. Cela s'est produit d'innombrables fois dans l'histoire, et cela se produira à nouveau. Votre plus grand défi en tant qu'investisseur n'est pas de choisir les bonnes actions ; c'est de gérer votre propre réaction instinctive pendant ces moments de panique.

La plus grande erreur qu'un investisseur débutant peut faire est de vendre des actifs lorsque le marché s'effondre.

Vendre pendant un effondrement garantit que vous verrouillez une perte. Jusqu'à ce que vous vendiez, la baisse n'est qu'un nombre sur un écran. C'est temporaire. Historiquement, le marché s'est toujours remis et a atteint de nouveaux sommets - si vous attendez que cela passe.

Mais pour l'investisseur jeune, un effondrement n'est pas seulement quelque chose à endurer; c'est une opportunité en or.

Les Effondrements sont de Massives Ventes de Liquidation

Imaginez que votre magasin préféré ait soudainement mis tous les articles - y compris la toute nouvelle console, les baskets haut de gamme, et le nouveau téléphone - à une réduction de 20 à 50 %. C'est ce qu'est un effondrement de marché. C'est une chance d'acheter des actions d'Apple, de Google, et de l'ensemble de l'économie américaine à un prix que vous ne verrez probablement plus jamais.

Lorsque vous êtes jeune et investissez pour 40 ans ou plus, les baisses de marché sont votre meilleur ami. Elles permettent à vos petites contributions DCA régulières d'acheter plus d'actions au même prix.

Votre Liste de Contrôle d'Action en Cas d'Effondrement (Jour 7 : Le Jour de la Discipline)

1. Ne paniquez pas. Sérieusement, ne vérifiez pas votre portefeuille toutes les cinq minutes. L'argent que vous avez investi est destiné à un avenir lointain (université, voiture, retraite). Peu importe ce qui se passe dans les six mois à venir.

2. Ne stoppez pas votre DCA. L'action la plus importante durant un krach est de maintenir vos contributions automatiques. Si vous arrêtez de contribuer, vous manquez la chance cruciale d'acheter à bas prix.

3. Si possible, augmentez vos contributions. Si vous avez de l'argent supplémentaire sur votre compte d'épargne ou si vous avez reçu un bonus au travail, investissez un peu plus que d'habitude dans vos fonds indiciels principaux. C'est le moment d'être "craintif quand les autres sont avides, et avide quand les autres sont craintifs," comme le conseille l'investisseur légendaire Warren Buffett.

4. Réexaminer votre thèse. L'entreprise que vous avez achetée (comme Netflix ou Microsoft) a-t-elle fondamentalement changé pendant le krach ? Probablement pas. L'économie a juste eu peur. Si l'entreprise est toujours bien gérée et a de bons produits, tenez bon.

En restant investi, en automatisant votre processus et en considérant les krachs comme des opportunités, vous vous assurez de suivre la trajectoire ascendante à long terme de l'économie mondiale. Vous ne gérez plus des actions ; vous gérez votre comportement, et c'est le véritable secret de la richesse à long terme. La phase d'exécution est terminée, et votre argent se déplace maintenant sans que vous ayez à lever le petit doigt.

JOUR 4 : LE BONUS DES ACTIONS FRACTIONNÉES : COMMENT ACHETER DES ACTIONS GOOGLE MÊME SI VOUS N'AVEZ QUE 10 $

FÉLICITATIONS ! VOUS AVEZ FAIT LE TRAVAIL DE BASE. VOUS AVEZ VOTRE COMPTE configuré, votre argent prêt et votre stratégie tracée. Aujourd'hui est le jour où vous achetez réellement quelque chose. C'est ici que la théorie se transforme en réalité, et vous devenez un vrai propriétaire.

Lorsque vous ouvrez un compte de courtage avec 50 $ ou 100 $, le marché boursier peut sembler intimidant. Vous réalisez rapidement que les actions de grandes marques—celles dont tout le monde parle comme Amazon, Tesla ou Google—se négocient souvent pour des centaines, voire des milliers, de dollars par action. Si vous n'avez que 50 $, comment pouvez-vous éventuellement acheter des actions Google ?

La réponse est le super pouvoir de l'investissement moderne : Actions Fractionnées.

LE BONUS DES ACTIONS FRACTIONNÉES

Dans le passé, vous deviez acheter des actions par unités entières. Si une action de Netflix coûtait 500 $ et que vous n'aviez que 499 $, vous étiez dans l'impossibilité d'acheter. Cette barrière excluait les petits investisseurs des meilleures opportunités et rendait la diversification presque impossible.

Les actions fractionnées ont changé la donne. Au lieu de dire à votre courtier : "Je veux acheter une action complète," vous dites : "Je veux dépenser 50 $ pour cette action."

La plateforme de courtage calcule alors exactement quelle portion d'une action vos 50 $ achètent. Si une action coûte 100 $, vos 50 $ vous achètent 0,5 actions. Si une action coûte 500 $, vos 50 $ vous achètent 0,1 actions.

Pourquoi cela compte pour vous :

1. Diversification instantanée : Vous pouvez répartir une petite somme d'argent (50 $) sur cinq entreprises coûteuses différentes, ce qui signifie que vous n'êtes pas dépendant des performances d'une seule action.

2. Accessibilité : Aucune action n'est trop chère. Vous pouvez investir dans n'importe quelle entreprise que vous souhaitez, peu importe le prix, à partir d'un dollar.

3. Automatisation : Les actions fractionnées sont essentielles pour l'Averaging du Coût en Dollar (ce dont nous parlerons dans la section suivante), vous permettant d'investir automatiquement un montant fixe chaque semaine ou chaque mois.

Lorsque vous commencez petit, assurez-vous toujours que la plateforme que vous utilisez propose le trading d'actions fractionnées.

Les Deux Façons de Placer un Trade : Marché vs. Limite

Lorsque vous allez acheter une action ou un ETF, votre courtier vous demandera quel type de "commande" vous souhaitez passer. Cela peut sembler compliqué, mais il n'y a que deux types principaux à connaître.

1. La Commande de Marché (L'Achat Rapide)

Une Commande de Marché est le moyen le plus rapide et le plus simple d'acheter une action. Lorsque vous sélectionnez une Commande de Marché, vous dites au courtier : "Achetez cette action pour moi tout de suite, quel que soit le prix de marché actuel."

Imaginez que vous commandez un burger dans un fast-food. Vous acceptez le prix affiché sur le menu et vous vous attendez à le recevoir immédiatement.

Avantages : L'exécution est presque instantanée. Si le marché est ouvert, votre transaction passera presque toujours immédiatement au prix courant.

Inconvénients : Comme les prix des actions fluctuent constamment (parfois en quelques secondes), le prix exact que vous payez peut être légèrement plus élevé ou plus bas que le prix que vous avez vu lorsque vous avez cliqué sur 'Acheter.' Cela est généralement négligeable pour les fonds indiciels, mais il est important de le savoir.

Quand l'utiliser : Les commandes de marché sont excellentes pour les investisseurs débutants, surtout lors de l'achat d'actifs hautement liquides comme les fonds indiciels S&P 500 (Vanguard VOO ou Fidelity FXAIX) où le prix est stable et l'objectif est simplement d'investir rapidement.

2. La Commande Limite (La Stratégie du Sniper)

Une Commande Limite est un achat conditionnel. Lorsque vous sélectionnez une Commande Limite, vous dites au courtier : "Achetez cette action pour moi, mais seulement si le prix tombe à X ou en dessous." Vous fixez un prix maximum spécifique que vous êtes prêt à payer.

Imaginez que vous attendez qu'une nouvelle console de jeu vidéo baisse de prix. Vous ne l'achèterez que si elle atteint 399 $.

Avantages : Vous contrôlez le prix maximum que vous payez. Si vous pensez qu'une action est actuellement surévaluée mais que vous souhaitez l'acheter si son prix diminue, voici comment faire.

Inconvénients : Votre commande peut ne jamais être exécutée. Si l’action n’atteint jamais votre prix limite, vous ne la posséderez pas, et vous manquerez toute croissance ultérieure. Les Commandes Limites expirent généralement aussi (par exemple, elles peuvent ne durer qu'une journée ou 30 jours).

Quand l'utiliser : Les commandes limites sont généralement utilisées par les traders plus actifs ou si vous essayez spécifiquement d'acheter des actions individuelles lors d'une forte baisse du marché et que vous souhaitez vous assurer d'obtenir une bonne affaire.

LISTE DE CONTRÔLE D'EXÉCUTION DU JOUR 4 : VOTRE PREMIER ACHAT FRACTIONNÉ

Étant donné que vous êtes un débutant axé sur la richesse à long terme, l'approche la plus simple et la plus recommandée est la Commande de Marché en utilisant des Actions Fractionnées.

Suivez ces étapes sur votre application de courtage choisie (ce processus est presque identique sur des plateformes comme Fidelity, Schwab ou Robinhood) :

Étape 1 : Recherchez le Ticker

Trouvez le fonds indiciel ou l'action que vous avez décidé le Jour 2 ou le Jour 3 (par exemple, VTI pour le marché boursier américain total). Tapez le symbole boursier de trois ou quatre lettres dans la barre de recherche.

Étape 2 : Cliquez sur 'Trade' ou 'Acheter'

Vous serez dirigé vers l'écran de commande pour ce titre.

Étape 3 : Sélectionnez la Méthode d'Achat

C'est l'étape la plus critique pour les nouveaux investisseurs. Vous aurez généralement deux choix :

A) Acheter par Actions (achat traditionnel, action entière)

B) Acheter par Montant en Dollar (achat d'actions fractionnées)

Choisissez 'Acheter par Montant en Dollar.'

Étape 4 : Sélectionnez le Type de Commande

Cliquez sur 'Commande de Marché' pour une exécution instantanée. (Si vous avez choisi une Commande Limite, vous devrez maintenant entrer le prix maximum spécifique que vous êtes prêt à payer par action.)

Étape 5 : Entrez le Montant

Entrez le montant exact que vous souhaitez investir (par exemple, 75 $). N'oubliez pas que cet argent doit déjà avoir été transféré dans votre compte de liquidités de courtage.

Étape 6 : Passez en Revue la Commande

La plateforme vous montrera un écran de confirmation. Il indiquera quelque chose comme ceci :

CHAPTER SEVEN

JOUR DE REMISE DE DIPLÔMES : DÉBLOQUER LES OUTILS D'ADULTE (SECRETS FISCAUX, COMPTES DE RETRAITE ET PASSER À 100K $)

FÉLICITATIONS. VOUS AVEZ OFFICIELLEMENT OBTENU VOTRE DIPLÔME.

Si les Chapitres 1 à 7 portaient sur la maîtrise des fondamentaux—apprendre les règles du jeu, monter votre équipe, et exécuter votre première action—le Chapitre 8 concerne le niveau supérieur de votre équipement. Vous passez maintenant d'investisseur adolescent intelligent sous supervision à investisseur jeune adulte qui prend le contrôle de son entire forteresse financière.

Cette transition s'accompagne de deux déblocages majeurs : plus de pouvoir et plus de responsabilités. Le pouvoir est la capacité d'utiliser des outils financiers véritablement spécialisés et hautement efficaces sur le plan fiscal (bonjour, Roth IRA !). La responsabilité est de comprendre comment le gouvernement considère votre argent (bonjour, impôts !).

Vous avez construit le moteur (votre portefeuille) ; maintenant il est temps de le régler pour une vitesse maximale, une efficacité fiscale et une montée en puissance rapide. Le but n'est plus seulement de commencer ; l'objectif est de tirer parti de votre avantage d'âge si efficacement que vous atteignez 100 000 $ avant d'avoir même 25 ans.

Le chemin devant vous est clair, professionnel, et beaucoup plus lucratif que celui de l'adulte moyen qui a attendu trop longtemps.

Le Croque-Mitaine de l'IRS : Comment gérer les impôts sur les gains en capital pour ne pas être audité avant 20 ans

Si un sujet fait faire tomber le ventre de chaque nouvel investisseur, c'est bien les impôts. La bonne nouvelle est que pour la plupart des jeunes investisseurs, la situation fiscale est incroyablement simple, et souvent, les impôts réellement dus sont nuls.

La clé est la sensibilisation. Vous devez savoir quand vos activités d'investissement déclenchent une obligation fiscale, afin de ne jamais être surpris, et votre gardien (parent) peut déclarer correctement.

Les deux principaux impôts dont vous devez être conscient en ce moment sont les gains en capital et les dividendes.

1. Impôts sur les gains en capital : L'impôt sur le succès

Lorsque vous achetez une action ou un ETF, vous établissez une "base de coût" (ce que vous avez payé). Si vous vendez cet actif pour plus que ce que vous avez payé, vous avez un gain en capital—un profit. Le gouvernement veut une part de ce profit.

Gains à court terme : Si vous achetez un actif et le vendez dans un délai de 365 jours ou moins, le profit est considéré comme un gain en capital à court terme. Cela est imposé au même taux que votre revenu normal (comme vos salaires d'emploi). C'est pourquoi le Chapitre 5 vous a mis en garde contre le trading de jour — cela soumet tout profit au taux d'imposition le plus élevé.

Gains à long terme : Si vous achetez un actif et le conservez pendant plus de 365 jours, le profit est considéré comme un gain en capital à long terme. C'est le code de triche ultime. Les gains en capital à long terme sont imposés à des taux beaucoup plus bas que les revenus, à condition que votre revenu total soit en dessous de certains seuils fédéraux. Pour 2024, le taux de 0 % sur les gains en capital à long terme s'applique à un revenu inférieur à environ 47 000 $ pour les déclarants célibataires. Étant donné que la plupart des jeunes investisseurs ne sont nulle part près de cette tranche, le profit que vous réalisez sur des investissements intelligents à long terme est souvent totalement exonéré d'impôts.

La leçon : Gardez vos investissements pendant au moins un an et un jour (366 jours) pour garantir que vos gains se qualifient pour la tranche d'imposition à 0 % ou la plus basse possible.

2. Impôts sur les dividendes : L'impôt sur l'argent gratuit

Souvenez-vous lorsque nous avons parlé des dividendes — les petits paiements en espèces que les entreprises vous envoient juste pour être propriétaire ? Ces paiements sont considérés comme un revenu imposable pour l'année où ils sont reçus, même si vous les réinvestissez automatiquement.

Encore une fois, en raison des faibles seuils de revenu, la plupart des investisseurs adolescents qui reçoivent des dividendes constateront que ces paiements se situent en dessous de la limite imposable.

L'impôt sur les enfants et les comptes de tutelle

Puisque vous avez moins de 18 ans (ou 21 dans certains États), vos actifs sont détenus dans un compte UGMA ou UTMA, géré par un tuteur. Ces comptes sont régis par les règles de l'"impôt sur les enfants", qui sont conçues pour empêcher les parents riches de cacher d'énormes montants d'argent au nom de leurs enfants.

Pour la plupart des adolescents, la règle est simple :

Le premier petit montant de revenu d'investissement (par exemple, 1 250 $ en 2024) est exonéré d'impôt.

Le deuxième montant (jusqu'à un autre 1 250 $) est imposé au taux de l'enfant (qui est généralement très bas).

Les revenus au-dessus de ce seuil sont imposés au taux marginal généralement plus élevé des parents.

Ne paniquez pas. Si vous commencez petit, générant moins de 2 500 $ de revenus d'investissement par an (y compris les dividendes et les gains provenant des ventes), votre charge fiscale sera probablement minimale, voire nulle.

Votre courtier fait le gros du travail

La plus grande soulagement est que votre société de courtage (Fidelity, Schwab, etc.) s'occupe presque de toute la paperasse. Ils vous envoient, ainsi qu'à l'IRS, un Formulaire 1099-B (reportant les ventes) et un Formulaire 1099-DIV (reportant les dividendes) chaque janvier.

En tant que propriétaire effectif, votre travail est simplement d'être conscient des revenus générés. Votre tuteur utilise ensuite ces formulaires pour déclarer vos impôts. La meilleure façon d'éviter le Croque-Mitaine de l'IRS est de garder votre concentration à long terme, de minimiser les ventes inutiles et de laisser votre courtier et votre tuteur gérer la logistique de déclaration.

La mine d'or du Roth IRA : Ne payer aucun impôt sur votre future fortune d'un million de dollars

Si le compte de tutelle était le terrain d'entraînement, le Roth IRA est le prix ultime : une arme si puissante que le gouvernement vous permet en fait de garder tous les profits exonérés d'impôt, pour toujours.

Qu'est-ce qu'un Roth IRA ?

IRA signifie Arrangement de Retraite Individuelle. La version Roth est spécifiquement structurée pour offrir un maximum de bénéfices aux jeunes.

Voici le hic, et c'est un gros : Pour contribuer à un Roth IRA, vous devez avoir un revenu gagné. Cela signifie que vous devez avoir un emploi W-2 (temps partiel, job d'été, baby-sitting, etc.) ou un revenu 1099 documenté (comme du travail indépendant). L'argent de poche et les cadeaux ne comptent pas.

La magie du Roth : Payez des impôts maintenant, profitez de millions exonérés d'impôts plus tard

Un Roth IRA est financé avec des dollars après impôts. Cela signifie que vous payez les impôts sur cet argent maintenant, alors que vous êtes jeune, gagnant probablement peu, et par conséquent dans la tranche d'imposition la plus basse possible.

Une fois que l'argent est dans le Roth IRA, il croît, se capitalise, génère des dividendes, et prend de la valeur complètement exonéré d'impôt. Lorsque vous avez 59 ans et demi et que vous décidez de prendre votre retraite, vous pouvez retirer chaque dollar—les contributions initiales et tous les millions de dollars de croissance—sans payer un centime d'impôt. Jamais.

Comparez cela à un compte de courtage standard : Chaque fois que vous vendez une action gagnante, vous payez des impôts. Dans un Roth IRA, cette accumulation massive de richesse est protégée.

Pourquoi les adolescents ont l'avantage ultime du Roth

Imaginez que vous contribuez le montant maximum autorisé à un Roth IRA pendant seulement cinq ans entre 16 et 21 ans (en supposant que vous ayez un revenu gagné). Disons que cela fait en moyenne 5 000 $ par an, totalisant 25 000 $.

Si ces 25 000 $ sont investis dans un fonds indexé large qui réalise un rendement moyen conservateur de 8% :

À 40 ans, ces contributions valent plus de 170 000 $.

À 65 ans, ces contributions valent plus de 1,7 million de dollars.

Il est crucial que vous n'ayez ajouté aucun centime depuis vos 21 ans, et cette entière croissance de 1,7 million de dollars est exonérée d'impôts. Ce départ massif—permettant à vos premiers dollars des décennies de temps de capitalisation supplémentaire—est une opportunité qu'un trentenaire ne peut tout simplement pas répliquer.

Les règles :

1. Limite de contribution : Vous ne pouvez contribuer qu'au montant annuel limite de l'IRS (qui est de plus de 6 000 $ ces dernières années) OU à votre revenu gagné total pour cette année, selon le montant le plus bas.

2. Exigence de tutelle : Les adolescents doivent ouvrir le Roth IRA en tant que compte de tutelle (Roth IRA de tutelle) avec un parent ou un tuteur, similaire à la configuration d'un compte de courtage.

3. Flexibilité : Les Roth IRA sont flexibles. Bien qu'ils soient destinés à la retraite, les

contributions initiales peuvent généralement être retirées sans pénalité à tout moment pour une utilisation d'urgence (même si cela est fortement déconseillé).

Si vous avez un revenu gagné, votre priorité la plus critique est de maximiser cette contribution au Roth IRA avant de mettre un centime supplémentaire dans votre compte de courtage standard. Vous achetez littéralement des millions futurs exonérés d'impôts.

Le Face-à-Face du Fonds de Collège : Pourquoi votre compte standard pourrait être meilleur que ce plan 529 restrictif

De nombreux jeunes investisseurs économisent pour un objectif défini : l'université. Lorsque de l'argent est mis de côté pour l'éducation, deux options principales se présentent généralement : le plan 529 et le compte de courtage standard (UGMA/UTMA) que vous avez déjà.

Le plan 529 : Le compte uniquement pour l'éducation

Le plan 529 est un compte d'épargne parrainé par l'État spécifiquement pour les frais d'éducation (scolarité, logement et nourriture, livres).

Avantages :

Croissance exonérée d'impôts : Comme pour le Roth IRA, l'argent croît exonéré d'impôts.

Retrait Exonéré d'Impôt : Les retraits sont exonérés d'impôt, à condition qu'ils soient utilisés pour des dépenses d'éducation qualifiées.

Inconvénients :

Manque de Flexibilité : Si vous n'allez pas à l'université, obtenez une bourse ou décidez de fréquenter une école professionnelle non couverte par la définition, les gains retirés à des fins non éducatives sont soumis à l'impôt sur le revenu plus une pénalité de 10%. Cette pénalité est le principal inconvénient du 529.

Impact sur l'Aide Financière : Bien que généralement mieux que d'avoir l'argent au nom de l'étudiant, les actifs du 529 peuvent encore être évalués lors du calcul de l'aide financière (bien que ce soit un paysage en rapide changement).

Votre Compte de Courtage Standard (UGMA/UTMA)

C'est le compte que vous avez construit tout au long de ce guide.

Avantages :

Flexibilité Ultime : Les fonds peuvent être utilisés pour absolument tout : les frais de scolarité, un acompte sur une maison, le démarrage d'une entreprise, un voyage ou un fonds de retraite. Il n'y a aucune pénalité pour changer d'avis ou de buts.

Contrôle : À l'âge de la majorité (généralement 18 ou 21 ans), les actifs sont transférés directement à l'investisseur sans aucune condition.

Inconvénients :

Croissance Imposable : Vous payez des impôts sur les plus-values lorsque vous vendez, et des impôts sur les dividendes dès leur réception (bien que, comme établi, cela soit souvent de 0% pour les jeunes investisseurs).

Le Verdict pour l'Investisseur Proactif

Si vous avez 16 ans et n'êtes pas sûr d'assister à une université de quatre ans, ou si vous soupçonnez que vous pourriez avoir besoin de l'argent pour autre chose (comme acheter des matériaux pour votre première entreprise ou payer en espèces pour une voiture), la flexibilité du compte de courtage standard l'emporte souvent.

Les économies fiscales potentielles du 529 ne valent guère la pénalité énorme si vous choisissez une autre voie. Un compte de courtage standard, surtout s'il est investi dans des fonds indiciels à faible rotation (qui minimisent les événements fiscaux), offre une liberté maximale. La liberté financière concerne l'optionnalité, et le compte de courtage standard offre beaucoup plus d'options.

L'Accélérateur de Richesse : Atteindre 500 000 $ Avant 30 Ans en Tirant Parti de Votre Nouvelle Liberté d'Adulte

Vous avez terminé la formation. Vous savez comment rechercher des actions, vous connaissez la diversification, vous comprenez le pouvoir du Roth et vous saisissez le paysage fiscal. Maintenant, il est temps d'attendre le moment où vous aurez le contrôle légal total de vos actifs et comment augmenter considérablement vos contributions.

Le Transfert : Âge de la Majorité

À 18 ans (ou 21, selon votre État et le type de compte), les actifs de garde deviennent légalement les vôtres. Le rôle du gardien prend fin, et vous êtes seul responsable de la gestion, de l'investissement et de la déclaration fiscale du compte. C'est véritablement l'âge adulte financier.

Trois Leviers Clés pour une Croissance Exponentielle

Pour passer d'un portefeuille débutant à une valeur nette de 100 000 $ (le tremplin vers un demi-million d'ici 30 ans), vous devez actionner ces trois leviers :

1. Maximiser le Roth IRA Chaque Année

C'est non négociable. À mesure que vos revenus gagnés augmentent grâce à des emplois mieux rémunérés, priorisez la maximisation de votre contribution Roth (actuellement entre 6 500 $ et 7 000 $ selon l'année). Cet argent est définitivement protégé contre toute imposition future, multipliant sa valeur au fil du temps. Si vous ne faites rien d'autre, maximisez le Roth IRA.

2. Automatiser des Contributions Agissantes

Une fois que vous aurez 18 ans et que vous percevez un revenu à temps plein ou sérieux à temps partiel, augmentez votre mandat "Payez-vous d'abord" du Chapitre 2. Visez à investir 15% à 20% de chaque chèque de paie.

Exemple : Si vous gagnez 3 000 $ par mois après impôts, consacrer 600 $ à l'investissement (550 $ pour votre Roth, 50 $ supplémentaires pour votre courtage) fournit le carburant dont le moteur de la composition a besoin pour franchir ces grandes étapes rapidement. La cohérence est bien plus puissante que le timing du marché.

3. Élargir la Diversification et le Risque Appropriately

À mesure que votre portefeuille augmente, vous gagnez la stabilité nécessaire pour commencer à diversifier dans des classes d'actifs plus avancées qui correspondent à votre tolérance au risque à forte croissance et à long terme :

Exposition Internationale : Consacrez 10 à 20% du nouveau capital à des fonds internationaux (ETF) pour capter la croissance en dehors du marché américain.

Fonds Indicielles Small-Cap : Ce sont des indices de petites entreprises, souvent à croissance plus rapide, qui comportent plus de risque mais des récompenses potentielles plus élevées.

Immobilier (La Façon Facile) : Regardez les REIT (Sociétés d'Investissement Immobilier), qui sont essentiellement des entreprises possédant des portefeuilles de propriétés génératrices de revenus. Vous achetez des actions comme une action, ce qui vous permet d'accéder à l'immobilier sans gérer des locataires.

Le But de Lancement de 100 000 $

Atteindre le seuil de 100 000 $ dans vos années vingt est l'étape la plus difficile - cela nécessite un effort constant et une contribution significative.

Mais une fois que vous atteignez 100 000 $, la composition prend le relais et s'occupe des lourdes tâches. Si vous atteignez 100K à 25 ans, l'histoire montre que même si vous ne contribuez plus un centime, cet argent pourrait probablement croître à plus de 1 million de dollars d'ici l'âge de la retraite standard.

Cependant, étant donné que vous continuerez à contribuer, l'objectif de 500 000 $ d'ici 30 ans est absolument réalisable. Ce niveau de richesse vous offre un véritable levier et de la liberté, vous permettant de choisir votre carrière en fonction de votre passion, et pas seulement de votre salaire.

Vous avez les connaissances, les outils, et le superpouvoir ultime : le temps. Utilisez judicieusement vos premières années de liberté financière.

LE FANTÔME DE L'IRS : COMMENT GÉRER L'IMPÔT SUR LES PLUS-VALUES POUR ÉVITER UN AUDIT AVANT 20 ANS

Félicitations ! Vous avez maîtrisé l'art de gagner de l'argent pendant votre sommeil. Maintenant, pour l'effet secondaire inévitable : le gouvernement veut sa part.

La phrase "impôt sur les plus-values" semble réservée aux millionnaires de Wall Street, mais si vous avez investi via un compte de courtage imposable (comme l'UGMA/UTMA que vous avez mis en place dans le Chapitre 3), vous devez comprendre deux types clés de revenus qui préoccupent l'IRS.

Ne paniquez pas. Pour la grande majorité des nouveaux investisseurs adolescents, en particulier ceux qui se concentrent sur la croissance à long terme et non sur le day trading, la charge fiscale réelle est minime ou même nulle. L'objectif ici est la sensibilisation, afin que vous ne soyez jamais surpris.

Les deux choses qui déclenchent l'impôt :

1. Dividendes (Le Chèque de Paie Stable)

Un dividende est de l'argent qu'une entreprise vous verse juste pour détenir leurs actions. Si vous possédez des actions de Coca-Cola, ils pourraient vous envoyer quelques centimes par action chaque trimestre. Cela est considéré comme un "revenu non gagné", et l'IRS le considère comme imposable. Votre société de courtage suit et rapporte automatiquement ces paiements.

2. Plus-Values (La Marge Bénéficiaire)

Une plus-value est le bénéfice que vous réalisez lorsque vous vendez un investissement à un prix supérieur à celui que vous avez payé.

Vous achetez 10 actions d'une entreprise de jeux pour 500 $.

Six mois plus tard, vous les vendez pour 600 $.

Votre plus-value est de 100 $.

Ce gain de 100 $ est un revenu imposable.

C'est pourquoi nous soulignons la différence entre l'achat (le prix augmente, mais aucun impôt n'est dû pour l'instant) et la vente (le moment où vous réalisez le bénéfice et déclenchez l'impôt).

À Court Terme vs. À Long Terme : Le Hack Fiscal Ultime

Le gouvernement récompense les investisseurs patients. Si vous vendez un actif après l'avoir détenu pendant moins d'un an, c'est une plus-value à court terme. Cette plus-value est imposée à votre taux d'imposition habituel (qui peut être bas si vous ne gagnez pas beaucoup, mais pourrait être élevé si vous avez un emploi).

Si vous vendez un actif après l'avoir détenu pendant plus d'un an, c'est une plus-value à long terme. Ces taux sont significativement plus bas—souvent 0% pour ceux se trouvant dans les tranches d'imposition les plus basses. C'est le code de triche financière ultime : détenir des investissements sur le long terme réduit considérablement votre obligation fiscale.

Le Seuil Fiscal des Adolescents : Quand Vous Devez Déclarer

Puisque vous êtes mineur, vos revenus d'investissement sont soumis à des règles spéciales souvent appelées "Impôt des enfants". Bien que les règles soient complexes (et changent chaque année), ce que les débutants doivent retenir est simple :

Vous n'avez généralement pas à vous soucier de payer des impôts sur les revenus d'investissement (dividendes et plus-values) à moins que votre revenu non gagné dépasse un seuil spécifique.

Pour la plupart des années fiscales récentes, ce seuil est d'environ 1 250 $ (vérifiez toujours les directives actuelles de l'IRS, mais c'est un bon chiffre d'estimation).

Ce que cela signifie en pratique :

Si votre portefeuille d'actions vous rapporte 50 $ en dividendes et que vous avez seulement vendu une action pour un profit de 50 $ (revenu total non gagné = 100 $), vous devez rien et n'êtes probablement pas obligé de déposer une déclaration de revenus liée à ce revenu.

Si vos dividendes et gains en capital réalisés s'additionnent à 1 500 $, vous avez franchi le seuil, et des impôts sont dus sur le montant au-dessus du seuil.

Rassurance : Pourquoi les audits ne viendront pas pour votre argent Pokémon

Vous êtes extrêmement peu susceptible de devoir des impôts significatifs en tant qu'investisseur débutant pour trois raisons :

1. Gains réalisés minimes : La stratégie principale de ce livre est d'acheter et de conserver. Vous ne vendez pas des actifs chaque semaine, ce qui signifie que vous ne réalisez pas de gains en capital. Votre argent reste sur le marché, croissant à l'abri de l'impôt.

2. Rendements en dividendes faibles : La plupart des fonds indiciels et des actions de croissance que nous recommandons ne versent pas de gros dividendes, maintenant ce flux de revenus faible.

3. Taux à 0 % à long terme : Si vous vendez un actif à profit après l'avoir détenu plus d'un an, vous êtes probablement dans la tranche d'imposition des gains en capital à long terme à 0 % si vos revenus globaux (travail + investissements) sont faibles.

Le plan de prévention de la panique administrative

La société de courtage (Fidelity, Schwab, etc.) s'occupe de tout le suivi pour vous. Elle agit en tant que comptable pour l'IRS. En janvier, elle enverra des documents fiscaux officiels à votre dépositaire/parent, les plus courants étant le 1099-B (pour les ventes/gains en capital) et le 1099-DIV (pour les dividendes).

Votre seul travail ? Assurez-vous que votre dépositaire ou l'adulte qui prépare les impôts de votre famille reçoive ces formulaires et les inclue dans leur déclaration. Ces formulaires indiquent à l'IRS exactement combien d'argent vos investissements ont gagné.

Une fois que vous aurez 18 ans et que le compte de dépôt deviendra légalement le vôtre, vous assumerez l'entière responsabilité de déposer vos propres déclarations basées sur ces formulaires 1099. Mais d'ici là, vous serez expérimenté, informé et prêt à le faire. (Nous en parlons en détail au chapitre 8.)

Pour l'instant, concentrez-vous sur les investissements. Les impôts se régulariseront, surtout si vous restez fidèles à la stratégie à long terme d'achat et de conservation. La meilleure stratégie fiscale est généralement de ne rien faire d'autre que d'attendre.

LA MINE D'OR DE ROTH IRA : PAYER ZÉRO IMPÔT SUR VOTRE FUTURE FORTUNE D'UN MILLION DE DOLLARS

Vous avez maîtrisé l'art de faire travailler l'argent pour vous, mais maintenant il est temps de maîtriser l'art de le garder.

Chaque fois que vous vendez une action dans un compte de courtage standard pour un profit, le gouvernement veut sa part : un impôt sur les gains en capital. Si vous achetez une action qui verse des dividendes, ces dividendes sont imposés comme un revenu chaque année. Les impôts sont la plus grande dépense à laquelle la plupart des personnes riches font face, prenant souvent 20 %, 30 %, voire plus de vos bénéfices durement gagnés.

Mais que se passerait-il si vous pouviez protéger ces bénéfices entièrement ? Que se passerait-il si vous pouviez construire une fortune d'un million de dollars où chaque centime de la croissance - pas seulement la contribution initiale - est 100 % exonéré d'impôts lorsque vous le retirez ?

Bienvenue dans la mine d'or de Roth IRA.

Le Roth IRA est sans aucun doute le véhicule de création de richesse le plus puissant disponible pour les jeunes investisseurs. Il s'agit d'un compte de retraite individuel (IRA), ce qui signifie que l'argent est généralement destiné à rester en place jusqu'à la retraite, mais le traitement fiscal est révolutionnaire.

Comment cela fonctionne : Contrairement à un compte d'investissement traditionnel où la croissance est imposée plus tard, avec un Roth IRA, vous contribuez de l'argent qui a déjà été imposé (appelé « dollars après impôt »). Comme vous payez l'impôt à l'avance, le gouvernement promet que vous ne paierez plus jamais d'impôts sur cet argent - ni sur la croissance, ni sur les dividendes, ni lorsque vous retirez les fonds des décennies plus tard.

Le critère de revenu gagné (Le sésame doré)

Il y a une exigence cruciale pour ouvrir et financer un Roth IRA : vous devez avoir un revenu gagné.

Cela signifie que vous devez avoir de l'argent d'un emploi, que ce soit un emploi d'été W-2, un travail freelance 1099, promener des chiens, faire du babysitting ou gérer un magasin en ligne légitime. L'argent de poche ou les cadeaux d'anniversaire, bien que sympathiques, ne comptent pas. Le montant que vous contribuez au cours d'une année donnée ne peut pas dépasser le montant que vous avez gagné cette année-là (et il ne peut pas dépasser le plafond de contribution annuelle fixé par l'IRS, qui est actuellement d'environ 7 000 $).

Par exemple, si vous avez gagné 2 500 $ en travaillant au magasin de glaces cet été, vous pouvez contribuer jusqu'à 2 500 $ à un Roth IRA. Si vous avez gagné 10 000 $, vous êtes limité par le maximum de l'IRS, qui est supérieur à ce que la plupart des adolescents gagneront.

Pourquoi commencer MAINTENANT est le code de triche ultime

Si le Roth IRA est un bouclier fiscal si puissant, pourquoi le débuter en tant qu'adolescent est-il le plus grand avantage ? La réponse, comme toujours, est l'intérêt composé et le temps.

Imaginez deux investisseurs, tous deux contribuant 5 000 $ par an et tous deux obtenant un rendement moyen de 8 % :

1. Investisseur A (Vous) : Commence à 17 ans et contribue pendant 10 ans, puis s'arrête complètement. Il a seulement investi au total 50 000 $.

2. Investisseur B (Votre frère ou sœur aîné) : Attend jusqu'à 27 ans pour commencer à contribuer et continue à contribuer 5 000 $ chaque année jusqu'à la retraite (65 ans). Il a investi au total 190 000 $.

Qui se retrouve avec plus ?

L'investisseur A gagne, et ce n'est même pas proche. Parce que ces 50 000 $ initiaux ont commencé à croître sans impôt 10 ans plus tôt, l'argent de l'investisseur A atteint significativement plus que celui de l'investisseur B, malgré le fait que B ait investi presque quatre fois plus de capital. L'investisseur A pourrait finir avec plus de 2,5 millions de dollars, tandis que l'investisseur B pourrait seulement atteindre 1,8 million de dollars.

La magie est que le montant total - les 2,5 millions de dollars - est exempt d'impôts fédéraux lors de la retraite.

Cela fait du Roth IRA la priorité absolue pour chaque dollar que vous gagnez en tant qu'adolescent, même au-dessus d'un compte de courtage ordinaire. Pourquoi investir de l'argent qui sera imposé lorsque vous pouvez investir de l'argent qui sera exonéré d'impôts ?

La flexibilité dont vous avez besoin (ce n'est pas complètement verrouillé)

Bien que le Roth IRA soit principalement un outil de retraite, l'IRS vous accorde une flexibilité fantastique sur vos contributions.

Crucialement, vous pouvez retirer les contributions principales (l'argent que vous avez mis) à tout moment, pour n'importe quelle raison, sans pénalité ni impôts.

Si vous investissez 5 000 $ et que le compte atteint 7 000 $, vous pouvez toujours retirer les 5 000 $ initiaux que vous avez contribué si vous en avez besoin pour une grosse dépense (comme des frais de scolarité ou une urgence). Seules les 2 000 $ de croissance pure sont verrouillées jusqu'à 59,5 ans (avec certaines exceptions, comme l'achat de votre première maison)

Cette caractéristique fait du Roth IRA un véhicule incroyablement sûr et efficient pour les jeunes. Il vous permet de créer de la richesse avec un maximum d'avantages fiscaux, sachant que votre capital initial n'est pas piégé si la vie vous réserve une surprise.

Si vous avez un emploi et un revenu gagné, ouvrir et financer un Roth IRA devrait être votre prochaine étape immédiate après avoir configuré votre compte de dépôt régulier. Vous posez les bases d'un avenir véritablement exonéré d'impôts et multimillionnaire, et vous commencez des décennies avant 99 % de la population.

CONFRONTATION DU FONDS DE COLLEGE : POURQUOI VOTRE COMPTE STANDARD POURRAIT ÊTRE MEILLEUR QUE CE PLAN 529 RESTRICTIF

La plupart des gourous financiers vous diront automatiquement que si vous économisez pour le college, vous devez utiliser un plan 529. Ils n'ont pas tort, mais ils ne vous disent que la moitié de l'histoire. Bien que les plans 529 offrent un avantage fiscal incroyable, ils s'accompagnent d'un inconvénient majeur : des menottes restrictives.

Pour de nombreux jeunes investisseurs qui ne sont pas sûrs de leur chemin futur, ou pour ceux dont les parents ont déjà des fonds de retraite suffisants, le compte de courtage imposable standard (qu'il s'agisse d'un UGMA/UTMA ou d'un compte individuel) présente souvent une solution bien supérieure du fait de sa flexibilité.

Le plan 529 : Le bon, le mauvais et la pénalité

Un plan 529 est un véhicule d'investissement sponsorisé par l'État conçu pour encourager l'épargne pour les coûts futurs de l'éducation.

Le grand avantage du 529 est son traitement fiscal : tout l'argent contribué croît à l'abri de l'impôt, et les retraits sont entièrement exonérés d'impôts, à condition que l'argent soit utilisé pour des frais d'éducation qualifiés (frais de scolarité, frais, livres et hébergement). C'est un énorme avantage de capitalisation.

Cependant, l'inconvénient est rédhibitoire. Si votre étudiant décide de sauter le collège, de rejoindre l'armée, d'assister à une école professionnelle ou de recevoir une bourse importante, utiliser cet argent du 529 pour autre chose entraîne une pénalité majeure. La portion des gains du retrait est imposée au taux d'imposition sur le revenu ordinaire, plus une pénalité fédérale de 10 %. Le gouvernement restreint essentiellement ce capital à un seul but.

Le Compte Brokerage Standard : Le Fonds de Liberté

Lorsque vous investissez dans un compte brokerage standard (souvent appelé compte imposable non-retraite), vous sacrifiez la croissance exemptée d'impôts mais gagnez une liberté financière totale.

Si vous économisez 50 000 $ dans un compte brokerage standard, vous pouvez utiliser 30 000 $ pour les frais de scolarité, 10 000 $ pour acheter une voiture à la fin de vos études, et 10 000 $ pour financer votre startup. Il n'y a pas de pénalités. La seule taxe que vous payez est l'impôt sur les gains en capital lorsque vous vendez les investissements pour un profit, ce qui, pour la plupart des adolescents, est minime en raison de leur faible tranche d'imposition.

Cette flexibilité vaut souvent le coup par rapport au léger impact fiscal, surtout si vos objectifs sont fluides. Vous vous protégez contre l'imprévisibilité inévitable de la vie.

Le Duel de l'Impact de l'Aide Financière

C'est ici que la comparaison devient délicate, surtout pour les adolescents utilisant des comptes UGMA/UTMA. Les calculs de l'aide financière (utilisant le FAFSA et le Profile

CSS) évaluent différents actifs à des taux différents, déterminant la Contribution Familiale Attendue (EFC).

1. Plans 529 : En général, les actifs 529 détenus par un parent sont traités favorablement. Ils sont comptés comme des actifs parentaux et évalués à un taux maximum de 5,64 % de la valeur de l'actif pour l'EFC. C'est un impact léger.

2. Compte Brokerage Standard Détenu par les Parents : Si un compte imposable standard est détenu par le parent et destiné à l'étudiant, il est traité de la même manière qu'un plan 529 par le FAFSA - évalué au faible taux de 5,64 %.

3. Compte Brokerage Standard Détenu par l'Étudiant (UGMA/UTMA) : C'est l'avertissement crucial. Les actifs détenus directement au nom de l'étudiant, comme un compte UGMA ou UTMA, sont considérés comme des actifs étudiants. Les actifs étudiants sont évalués de manière beaucoup plus agressive, comptant souvent jusqu'à 20 % de la valeur de l'actif pour l'EFC. Ce calcul agressif peut réduire considérablement l'éligibilité de l'étudiant pour les bourses et les subventions basées sur les besoins.

Quel est le bilan ? Si vous économisez pour le collège et anticipez avoir besoin d'une aide financière significative, vous devriez éviter de détenir des actifs d'investissement substantiels (comme un UGMA/UTMA) directement au nom de l'étudiant.

Le Verdict : La Flexibilité L'emporte sur les Avantages Fiscaux (pour la plupart des Adolescents)

Si les fonds sont principalement destinés au collège, et que la Contribution Familiale Attendue de l'étudiant est faible, un plan 529 détenu par un parent est mathématiquement le choix le plus efficace en raison des retraits exonérés d'impôts.

Cependant, si :

A. L'étudiant n'est pas sûr de vouloir assister à une université de quatre ans.

B. L'étudiant est susceptible de recevoir des bourses d'excellence qui réduisent la dépendance à l'épargne.

C. L'investisseur privilégie le contrôle total et la flexibilité sur l'argent (permettant de l'utiliser pour des objectifs non éducatifs comme un acompte pour une maison ou financer une nouvelle entreprise).

Dans ces scénarios courants, le compte brokerage standard, idéalement détenu par le parent comme propriétaire (ou le dépositaire UGMA/UTMA), offre une polyvalence financière ultime sans enfermer l'argent derrière des règles très restrictives. Pour un jeune investisseur, garder toutes les options ouvertes l'emporte souvent sur le bénéfice d'un avantage fiscal conditionnel.

L'Accélérateur de Richesse : Atteindre 500 000 $ Avant 30 Ans en Tirant parti de Votre Nouvelle Liberté d'Adulte

Félicitations. Vous avez terminé la partie la plus difficile du parcours de richesse : le départ et l'établissement de la discipline. Les habitudes financières que vous avez établies pendant votre adolescence sont maintenant votre tremplin.

Lorsque vous franchissez le seuil magique de 18 ans (ou 21 ans, selon les règles de votre état concernant les comptes de tutelle), le jeu change fondamentalement. Les 'roues d'entraînement' disparaissent et vous devenez le seul et unique maître de votre domaine financier. Cette transition n'est pas seulement symbolique ; c'est le moment où vous débloquez le véritable Accélérateur de Richesse.

Le chemin pour atteindre 500 000 $ avant 30 ans repose sur deux nouveaux leviers : votre nouvelle liberté légale et votre potentiel de revenu accru.

Le Passage de la Tutelle : Prendre les Clés du Royaume

Si vous avez commencé avec un compte de tutelle (UGMA/UTMA), faites attention aux règles de votre état. Lorsque vous atteignez l'âge de la majorité (généralement 18 ou 21 ans), votre société de courtage initiera le processus de transfert.

Attendez-vous à des formalités administratives, mais ne paniquez pas. La société de courtage est légalement tenue de transférer le compte du nom du tuteur (votre parent/tuteur) à votre nom. Cela signifie :

1. Contrôle Total : Vous serez en mesure de gérer, échanger, retirer et financer le compte sans l'autorisation de votre tuteur.

2. Obligation Fiscale : Étant donné que le compte vous appartient désormais totalement, vous êtes 100 % responsable de la gestion des gains en capital et des impôts sur les dividendes (voir la section précédente).

3. Type de Compte : Le compte reste généralement un compte de courtage standard imposable, mais vous avez désormais la liberté de restructurer votre portefeuille ou d'ouvrir des comptes supplémentaires comme le puissant Roth IRA.

Cette liberté vous permet d'optimiser votre stratégie et d'assurer que chaque décision d'investissement s'aligne parfaitement avec vos objectifs individuels.

L'EXPLOSION DE FLUX DE TRÉSORERIE : TIRER PARTIE DE LA MAIN-D'ŒUVRE

En tant qu'adolescent, vos revenus étaient probablement limités à de l'argent de poche, de petits boulots ou des salaires à temps partiel minimaux. En entrant dans la vingtaine, votre potentiel de gain augmente de façon exponentielle, que ce soit par le biais de stages d'été, de vos premiers emplois professionnels ou de la montée de votre propre entreprise.

Cette augmentation du capital est le carburant de votre accélérateur de richesse. Atteindre la barre des 500 000 $ dépend principalement de deux variables : le temps (que vous avez verrouillé tôt) et les contributions en capital.

Pour tirer le meilleur parti de cette phase, vous devez formaliser votre mandat « Payez-vous d'abord ». Lorsque vous recevez votre premier gros chèque de paie, luttez contre l'envie de dépenser immédiatement. Au lieu de cela, calculez votre engagement d'investissement en pourcentage de vos revenus totaux.

La Règle des 20 % : Visez à investir au moins 15 % à 20 % de chaque dollar que vous gagnez (après impôts).

Si vous gagnez 40 000 $ par an après impôts, consacrer 20 % signifie que vous investissez 8 000 $ par an, soit environ 666 $ par mois. Combinez cette nouvelle contribution avec le pouvoir des intérêts composés et votre avance d'adolescent, et l'objectif de 500 000 $ devient une inévitabilité mathématique plutôt qu'un rêve lointain.

Maximisez Vos Abri Fiscaux : Le Mandat Roth IRA

Une fois que vous avez un revenu, votre priorité la plus critique est de maximiser les contributions à un Roth IRA. Comme décrit précédemment, c'est le véhicule ultime pour les jeunes investisseurs car l'argent croît et est retiré totalement exempts d'impôts à la retraite.

Le plafond de contribution annuel est fixé par l'IRS et augmente souvent légèrement chaque année, mais pour la plupart des investisseurs dans la vingtaine, maximiser cette contribution (actuellement autour de 7 000 $ par an) devrait être le pilier fondamental de leur stratégie d'investissement.

Pourquoi le Roth IRA est l'Accélérateur Ultime : Imaginez que les 7 000 $ que vous investissez à 22 ans croissent pendant 40 ans. Cette seule contribution pourrait facilement devenir 200 000 $ ou plus, et vous ne devrez jamais un centime d'impôt sur ces énormes gains. Si vous investissez ces mêmes 7 000 $ dans un compte de courtage imposable ordinaire, vous devrez payer des impôts sur les gains en capital chaque fois que vous vendez. Profitez de la magie exonérée d'impôts tant que vous le pouvez.

Élargir Votre Stratégie : Diversification Élargie

Votre structure de portefeuille débutant (70 % de fonds indiciels larges, 30 % d'actions individuelles) était parfaite pour commencer. Au fur et à mesure que votre richesse croît, vous devriez commencer à élargir votre diversification, non seulement au sein du marché boursier, mais à travers différents domaines.

1. Portée Mondiale : Bien que les marchés américains (S&P 500) aient historiquement bien performé, il est risqué de se fier à une seule économie. Commencez à consacrer une partie (par exemple, 10-15 % de votre allocation d'ETF) à des fonds indiciels internationaux (ETF suivant les marchés en Europe, en Asie et dans les économies émergentes). Cela protège contre les éventuels ralentissements temporaires spécifiques aux États-Unis.

2. Focus sur le secteur : Avec une tolérance au risque plus élevée et plus de capital, vous pouvez commencer à explorer des ETF sectoriels spécialisés. Par exemple, si vous êtes optimiste sur l'énergie renouvelable ou la robotique, vous pouvez allouer un petit pourcentage (5%) à un fonds spécialisé qui se concentre uniquement sur ce domaine émergent, offrant un potentiel de croissance plus élevé qu'un fonds indiciel général.

3. Exposition immobilière (non physique) : Vous n'avez pas encore besoin d'acheter une maison, mais vous pouvez ajouter une exposition immobilière via des Sociétés d'Investissement Immobilier (REIT). Ce sont des actions qui possèdent des biens immobiliers générant des revenus (comme des centres commerciaux, des complexes d'appartements ou des centres de données) et qui sont tenues de verser de hauts dividendes. Elles fournissent un équilibre vital à votre exposition pure aux actions.

Le plan de 500 000 $ en action

Examinons un exemple conservateur pour montrer à quel point cet objectif est réaliste, en supposant un rendement moyen de 8% (bien en dessous de la moyenne historique du S&P 500) :

Scénario : Solde de départ à 18 ans

Vous commencez à 18 ans avec un solde modeste de 5 000 $ (issu de vos efforts d'investissement durant votre adolescence).

Votre contribution annuelle : 7 000 $ (environ 583 $ par mois, ce qui correspond à maximiser votre Roth IRA et un peu plus).

Âge cible : 30 ans (12 ans de capitalisation).

Résultat : À 30 ans, votre compte vaudrait environ 181 000 $.

Attendez, ce n'est pas 500 000 $! Correct. Le véritable Accélérateur de Richesse se produit lorsque vous terminez avec succès vos études, obtenez un revenu professionnel et augmentez considérablement vos contributions.

Scénario 2 : Le plan accéléré

Solde de départ à 18 ans : 5 000 $.

Contribution annuelle (âges 18-22) : 7 000 $/an.

Contribution annuelle (âges 23-30, en profitant d'un revenu plus élevé) : 12 000 $/an (10% d'un salaire modeste de 120 000 $ ou 15% d'un salaire de 80 000 $).

Résultat : À 30 ans, votre compte vaudrait environ 507 000 $.

C'est la puissance de combiner un départ précoce avec des contributions élevées et constantes lorsque votre revenu le permet. Vous avez utilisé vos années d'adolescence pour construire les bases, et vous utilisez vos années d'adulte pour couler le ciment de manière agressive. Votre discipline précoce, combinée à la nouvelle liberté de gagner et de contribuer davantage, est la seule formule requise pour atteindre un demi-million de dollars avant 30 ans.

La clé pour maximiser cette prochaine décennie est simple : restez automatisé, augmentez votre montant de l'Investissement Programmé à chaque fois que vous obtenez une augmentation ou un bonus, et ne cessez jamais d'apprendre. Vous n'êtes plus seulement un investisseur ; vous êtes un constructeur de richesse sérieux.

ADIEU

VOUS ÊTES MAINTENANT OFFICIELLEMENT UN INVESTISSEUR (ET POURQUOI LE TEMPS EST LE DERNIER AVANTAGE DONT VOUS AUREZ BESOIN)

Vous l'avez fait. Sérieusement, prenez un moment pour l'absorber. Il y a seulement sept jours, le monde des actions, des ETF et des plus-values pouvait sembler être une langue étrangère parlée par des titans de Wall Street. Maintenant, vous détenez les clés de ce royaume. Vous êtes passé d'un novice financier - un consommateur - à un investisseur stratégique, orienté vers les objectifs. Vous avez franchi l'étape décisive que 90 % des adultes regrettent de ne pas avoir prise il y a vingt ans.

S'il y a une philosophie que j'espère que vous emporterez de ce guide, c'est celle-ci : investir est un marathon, pas un sprint. Ce livre a été conçu pour fournir confiance et clarté, pour éliminer la peur de l'inconnu et pour établir un système robuste. Ce n'était pas un plan pour devenir riche le mois prochain. Nous avons construit une fondation conçue pour les trente prochaines années.

Vous avez maintenant un chemin clair. Vous savez comment suivre votre flux de trésorerie, identifier des actifs solides à long terme, mettre en place des contributions automatisées en utilisant l'Investissement Programmé et, surtout, vous savez comment traverser la volatilité sans paniquer. La partie la plus difficile - l'apprentissage et la mise en place initiale - est terminée.

Votre travail principal maintenant est simple : restez constant. Continuez à contribuer régulièrement, même si ce n'est qu'un petit montant provenant de votre travail secondaire ou de votre allowance. Tenez-vous en à votre plan. Continuez d'apprendre - lisez les rapports trimestriels, prêtez attention aux tendances macroéconomiques fondamentales (Chapitre 5) et maintenez un scepticisme sain envers tout investissement promettant des rendements impossibles et immédiats.

N'oubliez jamais la leçon essentielle du Chapitre 1 : Le temps est votre unique avantage concurrentiel irremplaçable.

Vous exploitez la magie mathématique de l'intérêt composé plus tôt que pratiquement tout le monde. Chaque dollar que vous investissez aujourd'hui a deux décennies supplémentaires pour doubler, puis doubler à nouveau, totalement exonéré d'impôt si vous exploitez des comptes comme le Roth IRA une fois que vous commencez à gagner un revenu suffisant. En agissant maintenant, vous avez sécurisé l'actif le moins cher et le plus puissant disponible : un accès anticipé à la croissance.

Votre futur vous remercie déjà. Chaque dollar que vous mettez à travailler maintenant vous rapportera exponentiellement plus tard, finançant vos études, votre premier achat majeur et, finalement, votre entière indépendance financière.

Vous n'êtes plus simplement un adolescent ; vous êtes officiellement un investisseur, un bâtisseur de richesse et un propriétaire de l'économie mondiale. Allez faire travailler votre argent plus dur que vous ne le faites.

Félicitations.

www.ingramcontent.com/pod-product-compliance
Lightning Source LLC
LaVergne TN
LVHW070047061026
849530LV00009B/89
9798295661860